杨龙 曹明 —— 主编

具身学习的 18 种实践范式

核心素养导向的课堂教学丛书

杨四耕 主编

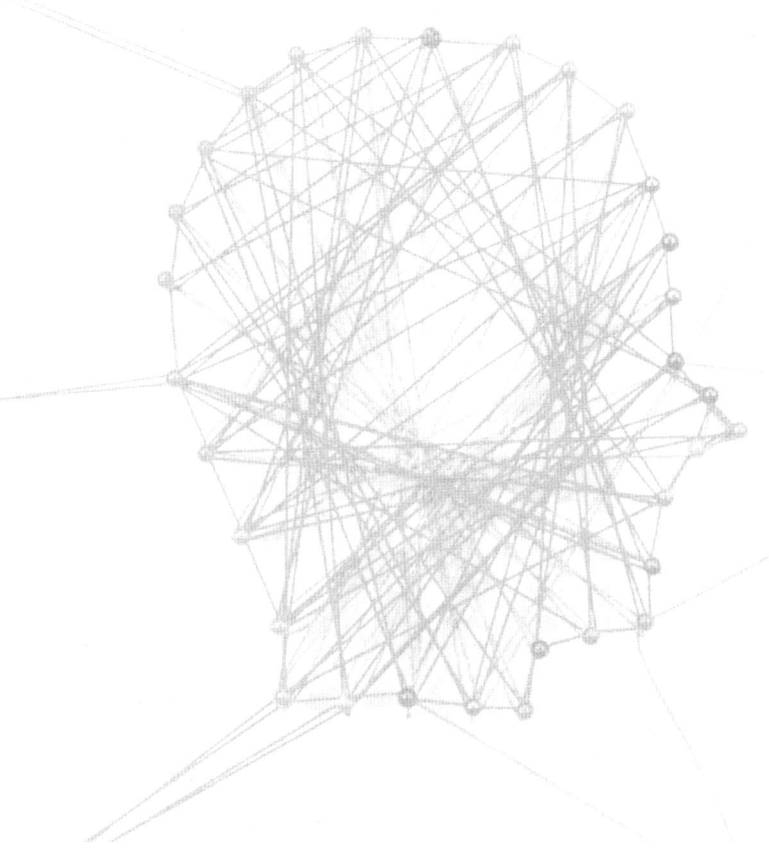

华东师范大学出版社
·上海·

图书在版编目(CIP)数据

具身学习的18种实践范式/杨龙,曹明主编.—上海:华东师范大学出版社,2022
(核心素养导向的课堂教学丛书)
ISBN 978-7-5760-2591-0

Ⅰ.①具… Ⅱ.①杨…②曹… Ⅲ.①课堂教学-教学研究-中学 Ⅳ.①G632.421

中国版本图书馆CIP数据核字(2022)第035628号

核心素养导向的课堂教学丛书
具身学习的18种实践范式

丛书主编　杨四耕
主　　编　杨　龙　曹　明
责任编辑　刘　佳
特约审读　洪昱珩
责任校对　桑林凤　时东明
装帧设计　卢晓红

出版发行　华东师范大学出版社
社　　址　上海市中山北路3663号　邮编 200062
网　　址　www.ecnupress.com.cn
电　　话　021-60821666　行政传真 021-62572105
客服电话　021-62865537　门市(邮购)电话 021-62869887
地　　址　上海市中山北路3663号华东师范大学校内先锋路口
网　　店　http://hdsdcbs.tmall.com

印 刷 者　杭州名典古籍印务有限公司
开　　本　787×1092　16开
印　　张　11.75
字　　数　128千字
版　　次　2022年6月第1版
印　　次　2022年6月第1次
书　　号　ISBN 978-7-5760-2591-0
定　　价　38.00元

出 版 人　王　焰

(如发现本版图书有印订质量问题,请寄回本社客服中心调换或电话 021-62865537 联系)

编委会

主　编
　　杨　龙　曹　明

成　员（按姓氏笔画排列）
王　丽　王　婷　王宗良　毕文娟
朱萌佳　李文君　李廷婕　杨冬梅
张　贵　张文慧　陈　伟　陈委委
周佳云　胡爱丽　徐　昊　徐　琳
徐　韵　唐晓峰　黄雯雯　董训跃
蔡希萌

丛书总序

洞见改革

回望轰轰烈烈的课堂教学改革，我们依然可以欢呼，仍然可以雀跃，但我们更需要理性的回望和深刻的反思。

不是么？我们的课堂教学改革虽然取得了卓著的成效，但也出现了不少观念的误识和实践的误区。我们能否真正面对与合理消解这些问题，将直接影响课堂教学改革的纵深推进。

维特根斯坦指出："洞见或透识隐藏于深处的棘手问题是艰难的，因为如果只是把握这一棘手问题的表层，它就会维持原状，仍然得不到解决。因此，必须把它'连根拔起'，使它彻底地暴露出来；这就要求我们开始以一种新的方式来思考。这一变化具有着决定意义，……难以确立的正是这种新的思维方式。一旦新的思维方式得以确立，旧的问题就会消失；实际上人们很难再意识到这些旧的问题。因为这些问题是与我们的表达方式相伴随的，一旦我们用一种新的形式来表达自己的观点，旧的问题就会连同旧的语言外套一起被抛弃。"面对核心素养时代，我们的课堂教学改革有必要确立新的思维方式，并借此洞悉困扰我们的"棘手问题"。

改革不是一种风潮，而是一种使命。当下，跟风式改革仍然盛行，如深度学习、项目学习、STEAM……见样学样，不停跟风，显现出一派繁荣景象。不少所谓的教学改革只是在形式上做文章，有教条主义的嫌疑；不少课堂深陷应试泥潭，既不教人文，亦无关精神，甚至连知识也谈不上，而是"扎扎实实"地搞成了教考，把考试当作课堂教学改革的使命。教育改革的真正使命是什么？我们应秉持怎样的立场推进课堂教学改革？2014 年，教育部颁布《关于全面深化课程改革　落实立德树人根本任务的意见》。这份文件指出：立德树人是课程改革的根本任务，核心素养培育是课程改革的核心价值。这便是我们的使命。使命需要执著，执著就是美德。细细品味维特根斯坦的这句话也许会有所助益:"当一切有意义的科学问题已被回答的时候,人生的诸问题仍然完全未被触及。"课堂教学改革的全部使命便是触及人生问题并给予某种实质性的回答,从而使"立德树人"落到实处。

改革不是一个口号,而是一种立场。层出不穷的口号、花样频出的概念,已然是当下学校变革的常态。不少学校把玩弄概念作为改革,把提口号当成改革,以学定教、先学后教、翻转课堂……热词涌起,名句不断。当我们把改革看成一个概念、一个口号的时候,我们已经远离了改革。改革是一种立场,一种有思考的尝试,一种为着根的事业而不断探索的精神。维特根斯坦说:"一种表述只有在生活之流中才有意义。"可以说,如果我们能把自己的立场安放在特定的概念或口号里,秉持有立场的变革,那将是对维特根斯坦的一种慰藉。

改革不是一张蓝图,而是一种责任。加拿大学者迈克尔·富兰说:"变革是一项旅程,而不是一张蓝图。"毫无疑问,改革需要蓝图,需要理性设计,但蓝图不是改革本身。奥托·魏宁格有一句令人心动的话:"逻辑与伦理在本质上是相同的。它们不是别的,而正是对自我的责任。"改革是一种责任,是一种对未来负责的精神。联合国教科文组织提出了21世纪教育的四大支柱:学会认知、学会做事、学会共处、学会生存。其中,学会认知是步入未来社会的通行证:观察、阅读、倾听、书写、交流、多样化表达、分析、综合、推理……学会做事是适应知识经济时代的必然选择:专注、善于发现问题、善于尝试、目标准确、身体力行、全力以赴、勇于面对现实、直面困难、不惧失败……学会共处是顺应全球化时代的需要:人际感受能力、人际理解力、人际想象力、风度与表达力、合作能力与协调能力、决策能力、沟通能力;懂得尊重、善于理解、换位思考、勇于担当、积极配合;而学会生存则是对做人品质的完善:适应能力、交往能力、管理能力、动手能力、创新能力、竞争能力;促进自我实现、丰富人格特质、担当与责任承诺、接受改变、适应改变、积极改变、引导改变……应该说,这些都是核心素养时代课堂教学改革的责任。

改革不是一场革命,而是一种态度。我们为什么需要改革?是因为有糟糕的现实摆在眼前,我们必须清除它。我们如何改革?通过雷厉风行的方式彻底改革吗?我们知道,对于理想化的东西,改革者很容易接受,并习惯于用理想的丰满来衡量现实的骨感,用理想的光滑来评判现实的粗糙。在理想观照下,现实是一无是处的,是必须摈弃的。正是基于这种认识,改革者很容易接受这样的观点:通过暴风骤雨式的"革命"来实现美好的改革目标。著名教学论专家王策三先生指出：任何教学改革都不是"一蹴而就的，也不是几年、十几年、几十年短期实现的，更不是以'革命'方式达成的"。改革是一种态度，一种持续改变现状的态度，一种朝向美好的态度，一种渐进探索的态度。

改革不是一个事件，而是一项旅程。吉纳·霍尔认为，变革的首要原则是把变革看作"是一个过程，而不是一次事件"。当我们把改革看成是一个事件，这意味着，改革可以在短期内取得成功；如此，改革尚未真正推进，我们便急着推出新的改革。面对一系列的政策性号召与行政命令，一些地方与学校常常是积极参与，往往在短时间内就会涌现出大量的改革成果，不少地方和学校还会举办各种各样的经验交流会。然而，在热闹的背后，却存在着虚假的繁荣：应付改革，鲁莽冒进现象时有发生。改革其实是一项旅程，一项迈向合理性的旅程，一项不断面对问题、思考问题、解决问题的旅程。课堂教学改革无法速成，只能渐进摸索；课堂教学改革也无法一次性完成，它永远在路上。

改革不是一条直线，而是一种智慧。对改革的简单化认识，缺少对改革形态丰富性、过程复杂性的理解，会让改革陷入迷茫。吉纳·霍尔说："变革，不是某位领导发表一次演讲，或在8月份为教师举行两天短期培训，或向学校提供新课程或新技术，就能一蹴而就、获得成功的。相反，变革是一个过程，在这个过程中，个人、组织机构逐渐理解了新事物、新方法，并且在运用它们时愈益熟练和有技巧。"无数经验证明，课堂教学改革是一个逐步推进的过程，而不是一条直线，其中往往包含着复杂性、随机性和偶然性，它需要理性和智慧。对此，迈克尔·富兰说：变革"好比一次有计划的旅程，和一伙叛变的水手在一只漏水的船上，驶进了没有海图的水域"。可见，课堂教学改革不是"种豆得豆、种瓜得瓜"的简单逻辑，而是一个多因子、多变量、多可能的复杂交织过程。没有"直接拿来"的理论与模式可以套用，改革需要我们自己的原创理论和实践智慧。

改革不是一个目的，而是一种创造。把改革作为目的，为改革而改革，这不是我们的应然取向。有人说："未来不是我们要去的地方，而是我们要创造的地方。"课堂教学改革，可以是突破陈规、大胆探索的思想观念，也可以是自强不息、锐意进取的精神状态，还可以是奋勇争先、不甘落后的使命感。华罗庚说："如果没有独创精神，不去探索更新的道路，只是跟着别人的脚印走路，也总会落后别人一步;要想赶过别人,非有独创精力不可。"我们今天创造怎样的课堂,就意味着我们在培育怎样的未来。当我们创造知识型课堂的时候,我们就是在塑造复制与服从的未来;当我们创造素养型课堂的时候,我们就是在选择美好与灿烂的生活。教育的价值在于生命意义的提升,在于学习价值的锤炼,而不在于知识的牢固掌握和大量累积。雨果说:"已经创造出来的东西比起有待创造的东西来说,是微不足道的。"的确,有待创造的东西只能靠学生在生命化实践和实际生活中去创造。因此,在某种意义上,改革不是一个固定目标,而是一个创造,一个基于实验的生命创造和素养提升过程。

改革不是一种形式,而是一种深度。虽然改革之声不断,但我们的课堂教学改革总体上并无实质性进展,"素质教育轰轰烈烈,应试教育扎扎实实"仍然是中小学课堂教学的主流表现。围绕着教材、问题学习、项目学习、单元教学、作业设计、听评课……都被冠以改革之名。联合国教科文组织在《学会生存》这一报告中曾警告说:"教育具有开发创造精神和窒息创造精神这样双重的力量。"大量事实表明,以反复操练为表征的知识教育严重地窒息着年轻一代的创造精神,阻碍着社会进步。教育的核心价值不应该只是盯着知识,而应在于培养有智慧的人。唯有培养有智慧的人,我们才能足以应对不断变化的社会。二百多年前,德国就有如此教育宣言:"教育的目的,不是培养人们适应传统的世界,不是着眼于实用性的知识和技能,而要去唤醒学生的力量,培养他们自我学习的主动性、抽象的归纳力和理解力,以便使他们在目前无法预料的种种未来局势中,自我做出有意义的选择。"当前,课堂教学改革最重要的一步,就是要从知识至上的泥潭中跳出来,义无反顾地迈向关注生长的素养时代。

总之,改革不是自负的概念翻新与宣示,而是崭新观念的建构与实践。面对核心素养时代,我们应少些"看客",多些"创客",不断洞悉隐藏于深处的棘手问题,在不断追问中创造属于我们自己的精神世界。这或许就是"核心素养导向的课堂教学丛书"之初衷。

杨四耕

2019 年 6 月 9 日于上海市教育科学研究院

目录

前言　学习方式变革的具身范式　/ 1

第一章　具身学习：激扬生命的活力　/ 1

　　本章以典礼式、邀请式、推介式三种学习方式带领学生走入课堂。在典礼式学习中，教师以演讲稿为载体，运用典礼推进学习过程；在邀请式学习中，教师在课堂上创设了生日派对的情境，学生体验学习了派对文化；在推介式学习中，通过设置推广城市形象的任务，学生提升了对英语旅游名片编写的意识，扩大了阅读量。教师引导学生以不同方式在课前、课中、课后不同阶段学习，在教学过程中动态生成所发展出的活力，激发了学生在相应范式下的多元学习潜能和内在品质。

　　范式1-1　典礼式学习：以演讲稿为载体推进学习过程　/ 2
　　范式1-2　邀请式学习：在情境中提升英语语言能力　/ 10
　　范式1-3　推介式学习：推广城市形象　提升语言实力　/ 19

第二章　具身学习：深度参与的秘密　/ 27

本章所探讨的具身学习将引导学生在课堂中进行深入探究,而非止于学习形式的表面。在词条式学习中,学生通过沉浸在独立与合作中的词条编写,进行相关主题的复习写作;在编辑式学习中,通过设置校刊编辑的真实情境,调动学生参与英语校刊编制的积极性;在实验式学习中,学生通过参与探究性实验和测量性实验,借助信息技术进行实验学习。不同的学习形式引领学生开展面更广、难度更高、独创性更明显的课程活动。学生作为学习活动的主体,深入加工把握知识的本质。

范式 2-1　词条式学习:培养真实语境下的语言运用能力　/ 28
范式 2-2　编辑式学习:以校刊为媒介的沉浸学习　/ 36
范式 2-3　实验式学习:重实验操作　养探究能力　/ 43

第三章　具身学习：自主构建的内在属性　/ 51

本章从构建学生学习的内在属性出发,促进课堂成为学生能动、自主构建学习过程的地方。在体验式学习中,引导学生通过体验生活,获取写作灵感并以文字形式表达;在创作式学习中,学生通过三种方法的创作,以"这个世界很有趣"为主题的插画作品,增强感知身边事物的能力;在专题式学习中,引领学生对化学反应的认识从"质"到"量"过渡,为之后的学习构建理论铺垫。学生在课程中发挥主观能动性,以学习为中心构建起知识框架。

范式 3-1　体验式学习:将生活体验融入核心片段写作　/ 52
范式 3-2　创作式学习:在插画中感受生活趣味　/ 59
范式 3-3　专题式学习:以专题学习提高复习实效　/ 67

第四章　具身学习：多感官浸润的乐趣　/ 77

本章从多感官课堂体验出发，让学生在独立学习与合作学习结合中感受学习乐趣，激发学习热情。通过调查式学习，将法律知识与实际相结合，学生自主研究，多角度探索法律奥秘；通过比较式学习，学生在听说读写的同时，体验不同节日的文化碰撞，探索本国文化、领略异国风情；通过探究式学习，提升学生数学公式推导与应用的相关意识、知识、能力和良好行为，提升数学学习素养。教师通过巧妙的课程设计，由此及彼让学生多感官地感受学习的趣味。

　　范式4-1　调查式学习：在自主学习中探索法律奥秘　　/ 78
　　范式4-2　比较式学习：节日体验中激发学习热情　　/ 86
　　范式4-3　探究式学习：运用公式推导提升数学逻辑素养　　/ 96

第五章　具身学习：身体力行的实践经验　/ 107

本章内容以务实为核心，以实践目标为导向。在实作式学习中，学生在美食的实作体验中了解各国饮食文化，锻炼口语表达和交流能力，调动学习英语的积极性；在实践式学习中，将"我眼中的上海"落地实践，学生通过亲身体验，提升地理实践素养；在任务式学习中，学生在学习任务的驱动下，有条不紊地完成目标，形成科学的思维方式，养成良好的学习习惯。教师引导学生在身体力行中积累实践经验，感受独立学习与合作学习相结合的乐趣，锻炼了完成任务的能力，促进了实践出真知的习惯养成。

　　范式5-1　实作式学习：在国际美食中提升英语素养　　/ 108
　　范式5-2　任务式学习：感受城市发展　培养乡土情怀　　/ 118
　　范式5-3　任务式学习：多重任务中提升生命科学素养　　/ 127

第六章　具身学习：情境与环境交响的价值　/ 135

本章基于读者式、探秘式和服务式三种将独立学习与合作学习相结合的学习方式,通过具体、真实的情境和环境互动,引领学生在学习活动中体验、探索、创作。在读者式学习中,让学生在真实的身心之旅中培养读者意识、探索能力和奉献意识,从多角度切身感受到文字的魅力;在探秘式学习中,通过将独立学习与合作学习相结合的学习方式融入文学、地理等贴近生活的领域,增加了学生的学习乐趣,锻炼了团结协作能力;在服务式学习中,引导学生体会大自然的奥秘及无数服务者的伟大,提升学生的人文素养和美术素养。

　　范式 6-1　读者式学习:进入模拟写作情境和角色　/ 136

　　范式 6-2　探秘式学习:在地理世界中探寻生活奥秘　/ 149

　　范式 6-3　服务式学习:玫瑰献给逆行者美术网课　/ 157

后记　/ 167

前言

学习方式变革的具身范式

"具身学习"理论认为,在学习中,身体的作用仅次于大脑,它是整个学习过程中的重要因素,通过身体体验和环境的互动达到促进学习的意义。"好好学习,天天向上"这是一句每个学生都耳闻目染的话,但是学习到底是什么意思?上海市进才实验中学(以下称作"学校")通过课题《基于独立学习与合作学习相结合的教与学方式研究》探索了一系列教学实践。在课堂教学过程中,教师指导学生将个体学习与群体学习相结合的一整套方式组成的、教与学相互作用的活动方式,让学生有机会身体力行地与所学内容相互联系,尽可能地在课前、课堂和课后的学习环境里体验带有具身学习范式特征的系列实践活动。

开展"基于独立学习与合作学习相结合的教与学方式研究"的课题研究,是响应国家基础教育课程深化改革要求、中国学生发展核心素养要求、上海市中小学生学业质量绿色指标、教师教学方式改变的需要、促进学生全面发展的需要。课题的开展是以增强学生独立学习与合作学习相结合(以下简称"独合结合")学习的意识、提高"独合结合"学习的能力、逐步养成良好的"独合结合"学习行为习惯为目的,进而提升学生的整体素养,促进学生可持续发展;提高学校教师"独立学习与合作学习相结合的教与学方式"的研究素养和其他专业素养;更好地落实学校"为每位学生的卓越发展服务"的办学理念,促进内涵发展。

一直以来,学校都有着较好的教育科研基础,曾获得浦东新区第七届教育科研工作先进集体。近年来先后承担区课题《基于办学特色的综合实践课程的开发与研究》《学生校外社会实践基地的建设》以及区内涵项目《新教师规范化校本培训课程的构建与实施》,积累了一定的经验。学校有较完备的教育教学设施,专项教育科研经费,学术氛围浓厚,科研意识强,有利于本课题的顺利开展。本课题组成员主要由区、校学科带头人及骨干教师组成,他们大多担任学校科研、教学管理工作或学科组长，具备一定的研究能力和实践经验。本课题涉及语文、数学、外语、历史、地理、思品、物理、化学等学科，达到学科全覆盖。学校教师全部参与课题研究，近三分之一的老师实践并深度探讨了不同课程范式。研究面广、样本完整。学校与静安区教育学院附属学校结为联谊校已有多年时间，就"后茶馆式教学"研究，双方展开互动，多次交流、学习，并以"基于独立学习与合作学习相结合的教与学方式研究"作为本校校本研修的主题，组织教师开展研讨，积累了一定的研究资料。因此，学校开展这样一项覆盖学校全学段和教育教学整体工作的区级课题研究，既是对"基于独立学习与合作学习相结合的教与学方式"的内涵、师生素养发展目标、师生素养发展内容、"基于独立学习与合作学习相结合的教与学方式"十三种方式、"基于独立学习与合作学习相结合的教与学方式"四项评价标准进行较为系统的研究，构建了完整的总体研究框架，丰富了"基于独立学习与合作学习相结合的教与学方式"理论。

2017年9月，课题被正式立项为区级课题。本课题的研究过程采用理论与实践相结合的途径，经历了以下三个阶段：2017年3月—2017年8月为准备阶段；2017年9月—2020年6月为课题实施研究阶段；2020年7月至今，预期到2021年底将总结展示课题成果。自被正式批准立项以来，围绕课题的七项研究内容，本课题组开展了一系列的研究，尤其是2018年9月至今，共计开设了41节课题研究课，包含了语文、数学、英语、美术、音乐、地理、心理、思品、化学、科学、物理、历史等12门学科，累计开展各类课题研究辅导及活动百余次。每学年学校会开展课题研究征文活动、课题研究论坛、课题研究培训，并邀请专家对教师开展个别辅导。

对于学生而言，独立学习与合作学习相结合的教与学方式的实施，促进了学生可持续发展。对比三年多的相关课例、案例、个案研究和调查数据，课题组发现，学生可以通过课堂的活动探索学习的价值，主动进行认知。独立学习与合作学习相结合的教与学方式的实施，增强学生"独合结合"学习的意识，提高"独合结合"学习的能力，逐步养成良好的"独合结合"学习行为习惯。独立学习与合作学习相结合的教与学方式的实施，提高了学生对知识能力的把握，又增强了学生探究能力，激发学生的学习兴趣，培养了学生的学科核心素养，同时，还提升了学生进行总结反思、改进提升自我的能力。在研究课过后，学生能保持好奇、执著求知的行为，以及注重实践、科学探索的行为。上述课题的实施提升了学生的整体学习素养，学生整体学习兴趣方面、行为习惯方面、学习能力方面均有所提升。这是一次学习方式的变革。

对于教师而言，课题的开展也提高了教师的研究素养和其他专业素养。首先，提高了教师的课题研究素养。参与研究的教师们在研究意识方面、研究能力方面、良好的研究习惯方面、研究成果方面都有了一定的提升。其次，教师们有了许多对于课程设计的新思考，教师们将课堂教学更好地与社会环境和自然环境相结合，将认知、情感与环境有机地结合，引导学生能在典礼式、邀请式等实践范式中学习、实践与思考。这也是一次教学方式的变革。

对于学校而言，以研促教、以研促学，教研方式的变革促进了学校内涵发展。首先，参与研究的教师主动尝试以学生为主体开展教学改进意识，具备了"以生为本"，服务学生的卓越发展的教学理念。教师具备了根据问题进行"以学为主"的单元整体设计思路、三维目标、教学过程、有特色的板书、学习策略、信息技术的运用、细化的教学过程等的设计能力，具备按照预设有序开展教学实践能力和及时有效利用资源的能力。教师注重在设计、实施和总结过程中尝试运用多种教学形式，指导学生开展"以学为主"的多种学习方式的学习活动。关注日常教育、教学和管理现象，从中发现可以进行教学研究的问题。其次，学校通过课题研究落实了核心素养的文件精神。在以培养"全面发展的人"为核心思想的前提下开展教学设计，关注培养学生人文底蕴、科学精神、学会学习、健康生活、责任担当、实践创新六大素养。关注学生学习意识形成、学习方式方法选择、学习进程评估调控等方面的综合表现，增强学生的社会责任感，提升学生的创新精神和实践能力。再次，促进了学校独立学习与合作学习教育教学文化的形成。关注到了教与学的问题，加强学生自主与互助学习氛围，加强学习，注重实践，及时总结，并在不同场合多元交流的氛围明显形成。在教研组研讨中，在日常教师的教育教学中，教师更加关注对于课堂活动设计的总结与反思。家长和学生对于教学改革持积极的态度，对于学习行为有积极的关注和倡导。无论是对独立学习与合作学习的探讨方面，还是对课程中不同学习方式的探索方面，课程的研究于参与师生而言，已经深入人心。

学校学习方式的变革，离不开理论联合实际的探索。本书共有六个章节，介绍了18种具身学习的实践范式,其中第一章包括了对典礼式学习、邀请式学习、推介式学习的探讨;第二章包括了对词条式学习、编辑式学习、实验式学习的探讨;第三章包括了对体验式学习、传作式学习、专题式学习的探讨;第四章包括了对调查式学习、比较式学习、探究式学习的探讨;第五章包括了对实作式学习、实践式学习、任务式学习的探讨;第六章包括了对读者式学习、探秘式学习、服务式学习的探讨。"具身认知"理论认为:身体在认知过程中扮演着重要的角色。引用哲学家海格·庞蒂的观点:我们的身体不是并列器官的组合,而是一个协同系统。它们会作用于特定的环境,而人的认知是基于身体的实践与活动之中的,学习可以成为一种亲身经历和实践过程中获得的独特感受。从建构主义的角度来说,学习的最终目标是要将自己置身于知识产生的特定情境中,通过积极参与具体情境中的社会实践来获取知识、建构意义并解决问题。情境要具有真实性、综合性、全面性和开放性,知识的应用需要具有系统性和开创性,这是一种建构性的学习,有利于打开学生的思路,培养学生的合作意识、迁移应用能力和创新能力。

  本书中所开展的关于具身学习的18种实践范式的探索,将学习"嵌入"学生个体和环境的活动中。这意味着个体经验的重要性,以及对于环境的依赖性,身体力行的实践经验是学习成功与否的关键。教师也将"直接授予知识"转向"帮助学生体悟学习的过程",在学习过程中,知识经历了两次传递,第一次是教师向学生"发送"知识,第二次是学生在课堂内接收知识后的自我加工,通过教师的课堂设计,学生不断体悟和提升思维品质。由活动出发,激活学生的思维和探究欲,这也符合当下倡导的自主学习。在对于学生的课堂评价方面,在本书中的18种教学实践范式的每节课程中,都可以看到教师们设置了与目标匹配的评价方式,然而这里的评价不是为了证实学生对知识的掌握程度,而是为了改进课程的设计。同时,在明确教学目标的前提下,课程设计围绕目标可能实现的评价任务,使得评价与教学任务、教学活动、教学手段和教学流程相匹配,实现"教-学-评"的一致性,用过程评价、发展评价、及时反馈引导学生深度反思自己的学习行为,用积极评价激发学生的学习动力。

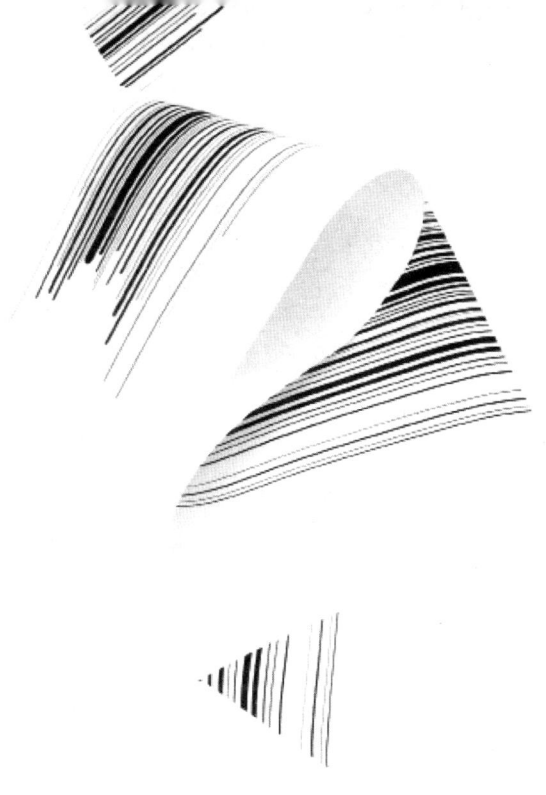

第一章

具身学习：激扬生命的活力

  本章以典礼式、邀请式、推介式三种学习方式带领学生走入课堂。在典礼式学习中，教师以演讲稿为载体，运用典礼推进学习过程；在邀请式学习中，教师在课堂上创设了生日派对的情境，学生体验学习了派对文化；在推介式学习中，通过设置推广城市形象的任务，学生提升了对英语旅游名片编写的意识，扩大了阅读量。教师引导学生以不同方式在课前、课中、课后不同阶段学习，在教学过程中动态生成所发展出的活力，激发了学生在相应范式下的多元学习潜能和内在品质。

典礼式学习：以演讲稿为载体推进学习过程

【摘要】"典礼式学习"是一种学习方式。学生可依据不同典礼的要求，撰写演讲稿。这种学习方式有利于增强学习的过程性与实践性，引导学生学习合作，参与到实践调查探究学习之中。通过学习典型课文、撰写演讲稿、发表演讲等方式，让学生学会独立思考，提升自主学习与合作学习能力。

典礼也是一种学习，即"典礼式学习"。所谓"典礼式学习"是以演讲稿为载体，通过一定的典礼而推进的学习过程。对于典礼式学习，学生是陌生的。本节由《庆祝奥林匹克运动复兴 25 周年》这篇课文入手，帮助学生了解典礼式学习。本课拟以课前、课堂、课后整合实施基于独立学习与合作学习相结合（简称"独合结合"）的八次典礼式演讲稿的学习活动，结合信息技术整合式、随机激励式等方式，并通过课文范例和学生习作，开展个人、组内、全班等多元的评价交流，在自我改进和互动互助的学习过程中，提升学生的语文演讲稿的撰写素养。

一、设计依据

（一）学情分析

学生从小学起就已经对演讲有所接触；进入初中以来，教材的课后练习、综合性学习中，都有与演讲相关的内容；八年级上册的综合性学习"人无信不立"，更围绕"信"的传统内涵和现代意义集中安排了一次小型演讲会活动。另外，学校每年的艺术节、集邮节活动都设有演讲比赛,因此学生对于演讲这种形式是比较熟悉的。初二的学生经常在写作课上开展"独合结合"的学习方式。只是并非所有学生都有撰写演讲稿的经历,他们对于撰写演讲稿的方法还是比较陌生的,尤其是对于在相关经典仪式上拟用的演讲稿,还缺少"独合结合"研读课文的能力。学生未能结合课前与课后自主选择相关典礼类型的具体主题,并进行独立撰写、课堂结合研读课文学习撰写方法、参与小组和全班交流、评价、课后独立完善文稿的完整经历。"独合结合"撰写典礼式演讲稿的相应知识、能力和良好行为习惯等素养,都需要进一步加以培养。

基于以上学情,本课确定了课前、课堂、课后的活动任务,提升学生演讲稿的撰写素养。课前布置学生独立完成一篇典礼式的演讲稿;课上教师以《庆祝奥林匹克运动复兴 25 周年》课文为例,引导学生以"独合结合"的方式阅读和实施典礼式学习为主,结合体验式、合作评价式与随机激励式进行学习;课后小组合作继续进行习作修改的评价并自主完善演讲稿。

(二) 课标分析

教育部所编的《义务教育语文课程标准(2011 年版)》在"课程基本理念"中明确指出,学生是学习的主体,语文课程必须根据学生身心发展和语文学习的特点,爱护学生的好奇心、求知欲,关注学生的个体差异和不同的学习需求,充分激发学生的问题意识和进取精神,倡导自主、合作、探究的学习方式,教学内容的确定,教学方法的选择,评价方式的设计,都应有助于这种学习方式的形成。

且在课程目标第 7 条中明确,学生"具有独立阅读的能力,学会运用多种阅读方法。有较为丰富的积累和良好的语感,注重情感体验,发展感受和理解能力。"第 8 条中明确:"能具体明确、文从字顺地表述自己的意思。能根据日常生活需要,运用常见的表达方式写作。"

因此,本课拟在"三程"结合的学习典礼式演讲词的学习过程中,通过师生共同研讨课文范例和学生开展习作练习的过程,培养学生提升演讲稿的撰写能力。

(三) 教材分析

本课《庆祝奥林匹克运动复兴 25 周年》是教育部编本八年级第二学期第四单

元的第四篇课文。本单元的任务即是要求学生自主阅读演讲词,对其进行体会、分析、鉴赏,把握演讲词这一体裁的普遍特点。《庆祝奥林匹克运动复兴25周年》是作者顾拜旦在国际奥委会全体委员大会上的发言。教材的内容包括:第1段回顾5年前庆祝奥林匹克运动复兴20周年,简要说明奥林匹克运动5年来的发展情况;第2—4段顾拜旦阐述奥林匹克精神的两个重要内涵——平和与自信,并点明奥林匹克运动与一般体育运动的区别;第5段顾拜旦从教育家的身份指出奥林匹克精神的教育意义;第6—7段,顾拜旦指出了奥林匹克运动的另一个特点——大众参与;第8—10段是演讲的结尾部分。

经历了第一次世界大战期间的低谷,国际奥林匹克运动亟待回归正轨,作者在这次重要演讲中用庄重、典雅的语言,总结过去,展望未来,谈及奥林匹克运动的历史、奥林匹克精神的本质、人类的世界观与梦想等众多内容,格局宏大,立意高远。这篇文章作为典礼式演讲词,特点鲜明,作为范文有助于学生掌握典礼式演讲词的特点,进而学习演讲词的撰写。

因此,本课拟借助课文内容,并延伸到课前与课后,组织学生"独合结合"开展八次典礼式演讲稿撰写学习活动,即所选典礼演讲稿撰写(学生课前在老师提供的参考六类典礼——(1)开学典礼;(2)运动会开幕式;(3)十四岁生日典礼;(4)国庆节主题演讲;(5)儿童节庆祝典礼;(6)学期结业典礼中自主选择一种,撰写600字左右的演讲稿)、课始反馈、课文典礼词研读、自写稿课上交流与推荐、学课总结与自写稿(课后自改、小组交流与评价、下次课上交流),结合其他"三式"(信息技术整合式、借助小组合作评价表式和随机激励式)的有机运用,来提升学生演讲稿写作的相应知识、能力与良好行为习惯方面的基本素养方面和"独合结合"典礼式学习素养(演讲稿撰写素养视角)方面的课前、课堂与课后学习相关素养。

二、教学目标

1. 学生能了解演讲词的基本特点;能根据演讲主题,明确表达观点,有合适的内容支撑观点;大部分学生能考虑听众的年龄、身份、文化程度、心理需求等,确定演讲的内容和语言风格。

2. 经历课前、课堂与课后"三程""独合结合"八次典礼式演讲稿(词)撰写(课前)、课堂课文研读、文稿交流、评价、学课总结、课后修改、小组交流与再次评价、童趣反馈,结合经历其他"三式"(信息技术整合式、借助小组合作评价表式和随机激励式)的学习活动过程,程度不一地提升演讲稿写作的相应知识、能力与良好行为习惯方面的基本素养方面和"独合结合"典礼式演讲稿撰写方面的课前、课堂与课后学习相关素养。

3. 能够独立完成课前所写相应典礼演讲稿的修改;能参与小组互评,合作完成小组评价表;进一步培养独立学习与合作学习相结合的学习习惯。

三、实践过程

(一)借助多媒体反馈课前撰写相关典礼上拟用演讲稿情况

教师:借助多媒体反馈学生课前独立撰写所选典礼式演讲稿完成情况。借助多媒体出示课题,介绍作者。首先,思考与交流:从课题可以获知哪些信息呢?其次,介绍作者:顾拜旦(1863—1937),出生于法国巴黎;他是国际奥委会第二任主席,现代奥林匹克运动的创始人,被誉为"现代奥林匹克之父";获诺贝尔和平奖。

学生:独立观、听、思、内化。参与班级交流;积累作者相关生平知识。

【意图】培养学生良好的独立完成课前作业的习惯和典礼式演讲稿独立写作能力。培养学生独立观、听、记和参与课堂交流的习惯。结合课前撰写,初步感知典礼式演讲稿撰写的基本要素。

(二)听讲与研读课文

环节一:独立听讲与参与互动,把握典礼式演讲的时代背景(要素一)

教师:借助多媒体出示核心问题:作为"现代奥林匹克之父",作者演讲的主旨是什么呢?

出示问题:这次演讲是在怎样的时代背景之下进行的?

提示学生独立研读文章第1段,关注与奥林匹克运动相关的三个年份。

借助多媒体出示时代背景,引导学生揣摩顾拜旦此次演讲的心情与前两次是否有不同?

注意倾听学生的比较交流,作随机激励与引导,并明确:这次演讲是在特殊的背景下进行的,这番话中涌动着顾拜旦对奥林匹克主义的深情,既有珍视,也有骄傲,还有对未来的憧憬。

学生:独立听,记。研读、圈画文章第1段,思考问题,参与互动。阅读课下注释、圈画、思考,揣摩人物情感;尝试比较、交流作者心情。

【意图】培养学生研读课文特定语段的能力。

环节二:研读课文,把握典礼式演讲词内容(要素二)

教师:借助多媒体出示思维导图,引导学生梳理文章的思路。引导参与学生的讨论,随机引导,激励、评价。

明确:(第2—4段)阐述了奥林匹克精神的两个重要内涵——平和和自信,并点明奥林匹克运动与一般体育运动的区别。(第5—7段)阐释奥林匹克在现代社会的意义以及与时俱进的发展。(第8—10段)点明参加本次庆典的来宾,赞扬他们为此次大会赋予了五重声誉,表达祝愿以及对奥林匹克光明未来的憧憬。

学生:小组合作研读课文,讨论课前思维导图作业,合作完成一份小组研讨成果。展示文章思路的思维导图。听,思考,参与讨论。

【意图】培养学生独合结合,研读课文特定语段,进行小组合作、比较,得出结论,把握课文主旨和典礼式上演讲的关键。

环节三:典礼式学习三:研读课文,把握典礼式演讲词表述庄重典雅的风格

教师:借助多媒体出示语句,引导学生体会本篇演讲词的特点。引导学生品读结尾语,关注运用修辞手法的语句等。小结:这篇演讲稿,语言富于理性、真挚、有力,充满激情,增强了说服力与感染力。

学生:品读词句、揣摩演讲的语气、语调、把握写作的语言特色。聆听、内化。

【意图】培养学生独合结合,品析语言的能力,理解演讲词的语言特点。

(三)小组交流与合作点评课前所选主题演讲词,锻炼小组合作交流、评价能力和独立修改能力

教师:小组推荐同学朗读习作,提出修改意见。班级交流一篇习作,全班交流

修改意见。适时激励与引导。

学生：朗读、推荐习作。点评习作、批注修改意见。听取激励与指导，思考、内化。

【意图】培养全体学生典礼式演讲稿独立修改能力，锻炼小组合作交流与评价能力。

（四）小组合作小结所学，内化课文主旨和典礼式演讲词撰写三要素。

教师：回顾总结课文。明确关注撰写典礼式演讲词的三要素。

学生：聆听、内化。

【意图】增强学生理解撰写典礼式演讲词的三要素意识。

（五）课后自主改文、小组评价与下次课上交流、听取反馈意见，提升独立完善典礼式演讲稿能力与合作交流、评价、独立再完善能力

教师：布置课后任务——六人小组为单位，围绕演讲词的特点展开互评，对同伴演讲稿中存在的问题提出修改意见，完成评价表。每位同学根据同伴建议完善修改演讲稿。举办一次演讲比赛，推荐优秀演讲词投稿校刊《朝花》。

学生：听、思；准备参与评价和自主修改演讲稿；准备演讲比赛。

【意图】提升学生课后独立完善典礼式演讲稿能力与下次课上合作交流、评价、独立再完善能力；保持学习兴趣。

四、意义揭示

上述"典礼式学习"比较好地彰显了"独合结合"语文实施典礼式等"四式"在提升学生演讲稿撰写素养方面的独特价值，彰显了课题研究课促进教师专业发展的独特价值，主要表现在以下四个方面：

其一，**主体性**。常规的演讲稿写作指导课，是先讲演讲稿撰写的要求，再进行撰写演讲稿，老师评价。学生的参与方式比较单一，仅仅停留在听讲、撰写的层面，导致学生评价、修改参与热情不高，"独合结合"素养无法得以提升。本堂课以学生为主体，课前学生自主选择典礼主题，撰写演讲稿，充分尊重了学生的意愿；

课中,以学生展示自己对课堂的内容的理解为主;课后学生自由分组,充分发表对同学习作的修改意见,这都体现了学生主体性的理念。

其二,体验性。本课尝试让学生自主设计"思维导图"的方式开展教学,学生从自主研究软件,到研读课文,设计"思维导图",这一系列的过程让学生体验了"思维导图"在语文学习中的应用。学生课前借助信息技术"思维导图"很好地预习课文,划分了层次,概括了演讲稿的内容,这是独立学习的实践;课上展示自己的"思维导图"发表见解,这对于学生来说是一次全新的体验。此外,学生"典礼式"演讲稿的撰写也是一次新的尝试。

其三,趣味性。演讲词的撰写与演讲活动的设计,都丰富了语文课堂内容,引导学生由"读"到"写"到"说",在发挥学生能动性的同时,也使学生体味到了充分表达自己观点,发表见解,并与同学交流评价演讲稿的乐趣。

其四,实效性。本课主要让学生经历课前、课中和课后"三程"集合,实施基于独立学习与合作学习相结合的语文典礼式和其他"三式"(合作评价表式、信息技术式、随机激励式)学习过程,学生在有梯度的活动设计和思维活跃中得到演讲稿撰写素养的提升。课堂上小组合作评价,推荐优秀的作业,这是合作学习的具体实施,在学生充分思考的基础上,老师进行了文章内容的点拨、指导。这改变了学生习惯的被动听记的学习方法,使学生有了主动参与典礼式学习的意识和行动,掌握了撰写"典礼式"演讲稿的三要素,为课后评价同学习作、修改自己习作提供了知识储备。再加上合作评价表式、信息技术式和随机激励式的有机运用,学生不但掌握了新的信息技术,而且主动参与、学习成效更好。

同时,在课题活动中,教师学会了"三程"设计,而不仅仅局限于只思考课堂教学环节,而是细致全面考虑了课前、课后的教学任务,有了学生活动设计的意识。这样的研究方式帮助教师梳理了一些平常教学中比较困惑的问题,例如:如何发挥学生的主体性?对于撰写典礼式"演讲稿"的教学设计,教师学会了不仅仅从传授知识的角度详尽地描写教学过程,而是要设计那些发现、挖掘、提炼教材价值的方案,全面锻炼学生"听说读写"的能力。通过课例研究,提高了我们教师对文本的解读能力,促进了我们对文本语言形式的自觉关注。撰写案例的过程中,教师不断反思教学、改进教学设计,教学过程就会得到优化。笔者通过参与、改进教学设计,进一步了解了学校课题的相关研究问题,通过专家引领,改进了教学方法。

课题研究是运用科学的研究方法去探索教育的客观规律的过程，也是通过认识教育规律来提升教师素质、提高教育教学质量的过程。在此次课题研究中，课题研究还有利于养成学习、研究、思考的良好习惯。教师在综合性活动中，经常进行理论知识的学习，不断研究和思考教学中的问题，理论素养得到提高，实践能力得到加强，教学经验得到积累。

（撰稿者：上海市进才实验中学陈委委）

范式 1-2

邀请式学习：在情境中提升英语语言能力

【摘要】所谓"邀请式学习"是指引导学生自发融入教学环节。美籍匈牙利数学家波莉亚提出："学习任何知识的最佳途径是由自己去发现，因为这种发现理解最深，也最容易掌握其中的规律、性质和联系。""邀请式学习"通过较自由的思考与交流，不仅更深入、透彻地领悟了派对的要素、派对邀请的过程和派对策划的思考；培养了发出派对邀请时的尊重和愉悦情绪、拒绝邀请时的注意礼貌用语和婉拒等派对文化；鼓励生生之间以同伴、小组或全班为单位的"脑力激荡"，从而更好地促进学生对派对策划与邀请文化的理解。

本课选用了九年义务教育课本牛津上海版英语七年级第一学期 Module3 Unit10《A Birthday Party》。单元围绕 Ben 的生日派对展开，可分为生日前、生日后的生日派对场景。整个单元是一个完整的真实的情境，有利于学生在真实的语言环境中学习。这一单元的第一个课时，向学生展现了生日前 Kitty 电话邀请好友，分别收到接受和拒绝的情景。在 Reading 部分，课文交代了 Ben 生日派对的各项细节，即策划一次派对应该包含的基础元素。虽然是阅读型课文，但是本课没有生词或新增语法，句型短且有一定重复度。因此，教师将这两部分整合成了一节关于派对策划与邀请的听说课。在派对的情境中，引导学生全面运用听、说、读、写的技能进行派对策划和语言训练活动，并沉浸学习派对策划和邀请的包含要素和主要句型。同时，将学生引领到 Ben 的生日派对中，为本单元的后续课时创造了情境。

一、设计依据

（一）学情分析

初一的学生英语听说能力一般，词汇量比较有限，但他们性格活泼乐观积极，非常喜欢接触新鲜的话题并展开课堂讨论，热情较高。本班学生具备一定的独立学习和同伴学习的素养，在平时的英语课堂教学活动中，老师也经常安排多种形式的基于独立学习和合作学习相结合（以下简称"独合结合"）的学习任务，如：小组讨论、集体朗诵、角色扮演、组际比赛、课本剧排演和脑图制作等，学生能够根据成员们英语水平与能力的不同进行分工协作，共同完成任务，取得较好的效果。

派对策划与邀请这一话题对他们来说比较陌生，受到年纪和经验限制，他们几乎没有派对策划的经验，不了解一场派对应该包含哪些内容。同时，受到语言环境限制，他们欠缺使用英文来邀请朋友的经验。因此，本课拟以课文为载体，采用"独合结合"的沉浸式的课堂教学，让学生沉浸在派对策划与邀请的语言环境中，用听、说活动帮助他们理清派对内容，用真实的素材习得并练习邀请好友的语言。

虽然从预备年级开始，学生就进行了独合学习的相关训练，了解并掌握了独合学习的一些方法与技巧，但课堂上展开的活动比较简单且以笔头居多，需要精细准备的合作活动通常会留到课后，以便给组员们更多时间去分配工作与准备。然而，本节课要求学生在最后输出环节高效地完成派对策划、邀请角色分配、语言文字准备等活动，受时长限制，此项合作学习有一定的挑战性。因此，教师拟借助任务分配学习单，引导学生快速分配角色并了解自己需要准备的内容，帮助他们快速进入角色。

因此，本课拟通过上述方式，来增进学生对此类学习的意识、扩大知识、提高能力（独立与合作相结合，进行派对策划、派对邀请的能力），并促进此类学习相应的良好习惯和意识习惯的养成。

（二）课标分析

《义务教育英语课程标准（2011年版）》（以下简称英语课标）强调，"注重语言学习的过程，强调语言学习的实践性，主张学生在语境中接触、体验和理解真实语言，并在此基础上学习和运用语言。英语课程提倡采用既强调语言学习过程又有利于提高学生学习成效的语言教学途径和方法，尽可能多地为学生创造在真实语境中运用语言的机会。鼓励学生在教师的指导下，通过体验、实践、参与、探究和合作等方法，发现语言规律，逐步掌握语言知识和技能，不断调整情感态度，形成有效的学习策略，发展自主学习能力。""教师要指导学生开展合作学习，引导学生逐步形成共同的学习理想和目标，积极的互赖与信任，良好的合作动机和个人责任。"

因此，本课拟对"A Birthday Party"开展"独合结合"的沉浸式学习等"五式"。通过视频导入、模拟电话交流情境、模拟便签辨认生活情境、分角色扮演、组内与组际课文细节问答、同伴模拟派对邀请和小组派对策划与分工邀请、邀请函邮件撰写等，在派对的情境中全面运用听说读写的技能，学习派对策划和邀请的包含要素和主要句型，强化学生观察与猜测能力和关于派对邀请的听说能力。是符合课标的上述精神的。

二、教学目标

1. 派对策划与邀请意识方面：学生增强派对策划与邀请中尊重与愉悦的意识；能增强语言表达中关于礼貌和委婉的意识；大部分学生能通过体验为他人设计惊喜派对，增强集体意识；大部分学生能够体会生日派对这一话题在英语听说读写能力提升上的独特价值。

2. 派对策划与邀请技能方面：学生能够独立运用课文中派对邀请、接受和拒绝的句型，能够运用电话用语与他人问候；学生能够运用课堂补充句型使派对话题的表达更贴近生活、更礼貌和更自然；大部分学生能调动自己已有的生活经验、知识积累使派对话题或电话用语表达更丰富。

3. 派对策划与邀请良好行为习惯方面：学生能体会派对邀请中尊重与愉悦的情感态度；使学生注意遵循派对策划和邀请的要素和主要句型进行合适方式（如电话）的邀请；大部分学生会注意拒绝邀请时的礼貌和委婉用语。

三、实践过程

（一）教学"六式"

独立沉浸式学习方面。独立沉浸式一：课始，布置任务并播放视频，请学生带着问题看视频。引导学生独立思考视频的内容，将学生一一引入生日派对这一主题，初步感受派对邀请的场景。独立沉浸式二：课文新授时，请学生根据课文填空并朗读课文对话；尝试进行电话邀请，在锻炼听说的过程中体会派对邀请电话用语的不同。独立沉浸式三：进入课文主要内容探索后，展示一张模糊的电话便签，请学生根据可辨认的字迹猜测各部分的内容，通过猜→听→说→归纳的过程，逐步锻炼学生独立归纳课文内容、梳理思路和归纳派对需要包含的主要元素的能力。独立沉浸式四：在第二段课文的教授环节，学生根据课文录音完成目标词汇的填空并进行分角色朗读；通过独立听说，强化委婉地拒绝一次派对邀请的句型。

合作沉浸式学习方面。一是合作沉浸式（同伴合作）：学习电话用语后，补充日常和新颖的电话问候用语，邀请学生完成拨打电话的问候对话并且给出评价→帮助学生巩固拨打电话的用语增强派对邀请语用，为之后的小组输出环节提高派对邀请语言运用规范化奠基。二是合作沉浸式（组内合作）：在课堂产出前，请学生就两段课文的内容在组内用"Wh-"或"H-"问题进行问答，发挥组员互帮互助的优势，帮助组内进度较慢的学生强化课文内容并且练习派对邀请涉及的句型。三是合作沉浸式（同伴合作）：提供真实的派对邀请函供学生同伴挑选，借助其中一张进行对话练习，逐步减少目标语言的提示，培养学生派对邀请方面的语言表达、提炼有效信息的技能，锻炼派对话题讨论素养。四是合作沉浸式（组内合作）：选择最喜欢的老师作为策划对象。请学生为老师设计一次有趣而特别的生日派对并且分工邀请同学参加派对；引导学生在组内共同梳理、综合运用本课学到的内容，锻炼小组合作进行派对策划、邀请能力。

在上述过程中，引导学生全面运用听说读写的技能，在"独合结合"的学习活动中学习与运用派对策划和邀请的包含要素和主要句型，帮助学生体会派对邀请中尊重与愉悦的情感态度素养。

课堂组际分享与提问式方面。在课堂组内合作的基础上，增加了组际分享与提问的环节。一是通过组内问答，复习课文内容后，引导学生进行组际的提问与回答，进一步强化学生的提问与回答能力，增强对"派对"这一话题的交流意识。二是在最后的产出环节，学生以小组为单位，向其他小组成员（即全班）发出派对邀请，并在小组分工中设立一人主要解答来自同学的疑问，增加了小组展示环节全班的参与度和关注度，同时训练学生在小组合作时预设问题的能力。

借助情境体验式方面。教师在本课创设两个主要情境：日常生活情境和派对情境。一是借助日常生活情境体验式：首先学生在教师播放来电铃声后进行电话问候，在较真实的情境中由学生自由地进行电话用语派对练习；其次创设辨认一张模糊了的电话便签的生活情境，逐步引导学生进行猜→听→说→归纳，以锻炼归纳派对需要包含的主要元素，也为后期派对策划互动活动奠基。二是借助派对情境体验式：整节课在派对的情境中展开，教师分别设计真实邀请函辅助对话练习活动、真实邀请信提炼礼貌用语活动、小组策划派对并邀请活动以及课后的邀请函邮件撰写活动增强学生围绕真实邀请函进行对话练习、真实邀请信提炼礼貌用语、小组策划派对并模拟邀请活动和课后发出邀请函邮件撰写活动的趣味性，提升学生的参与度；沉浸锻炼相应的邀请函电话对话、使用礼貌用语、进行派对策划并模拟邀请和课后撰写邀请函邮件能力；增进这样学习的价值意识。

借助小组学习单式方面。在本节课的最后一个环节，教师为学生设计了一张小组学习单。学习单明确标出了本次小组输出活动的组员分工任务，并给出了相应的辅助信息。引导学生输出规范的正确的目标用语与派对相关的内容。同时，逐步引导学生学习组内分工合作。锻炼学生合作学习的能力，增强了协作精神。

借助信息技术式方面。在课堂引入、教授、练习和小组展示各环节中，教师以教室固定电脑与平板电脑为载体的动画片段引入、对话练习中的铃声配音、学生派对策划与电话邀请函展示实时转播等，为学生创设生动的口语练习情境，使学生在更接近真实的语境中学习和运用英语进行派对策划和实施电话邀请的活动，提高听说学习与语言运用的实效；沉浸提升运用英语进行派对策划和实施电话邀请的能力和兴趣。

随机激励和引导式方面。教师在"两程"教学中，设立难度呈梯度上升的问题，以师生互动和生生互动为中心，通过适时、适量、有序有效的教师主导和学生主体活动，对正确回答问题或表现突出的所有学生进行鼓励，激发他们参与课堂的兴趣;在学生分组准备阶段,对每组的准备情况进行了解和指导,对表现好的成员进行鼓励,激发他们的派对策划与邀请兴趣,对学习有困难的成员进行引导与支持,帮助他们完成派对策划与邀请的任务,锻炼相应的能力;在小组展示后,对积极思考的个人和小组给予激励,鼓励他们对这一话题保持关注和交流的兴趣。

(二) 教学过程

课堂:实施基于"独合结合"的英语沉浸式学习的"六式",共分成八个部分。

第一部分:课堂导入——教师引导学生带着三个问题(What day is it in the video? What does the lion Alex want to do? Where does he hide the gift?)观看微视频、在课堂学习单上填写答案、在视频播放完毕后核对答案并引出课题——a birthday party,从而激发学生对于派对这一话题的学习兴趣和思考。

第二部分:第一阶段课堂活动——教师播放两段课文对话录音,引导学生根据对话填写表格,培养学生打电话方面的听说知识。随后,教师邀请学生完成拨打电话的问候对话,并且给出评价,帮助学生巩固拨打电话的用语。与此同时,教师通过播放真实的铃声、补充更加新颖与日常的电话问候方式,将学生进一步浸润到较真实的语言环境中并增强语言的实用性锻炼,并沉浸派对电话邀请语言表达时注意语言的规范化。

第三部分:第二阶段课堂活动——教师展示一张模糊的电话便签(图略),引导学生猜测可能提及的内容和判断依据,训练学生独立观察与猜测的能力。紧接着,教师引导学生听课文对话录音并复述课文内容,培养学生派对邀请和接受的能力,并水到渠成地归纳和初步掌握对话中提及的派对元素(派对庆祝对象、日期、时间、活动和地址等)。

第四部分:第三阶段课堂活动——教师引导学生听对话、填空并分角色朗读课文,培养学生邀请方面的听说能力。

第五部分:第四阶段课堂活动——教师以图片填空题为例,为学生示范如何就课文内容提问。鼓励学生在组内和组际互相提出问题并回答问题,锻炼学生复习课文内容、练习派对邀请涉及的句型和合作学习的能力,同时帮助组内进度较慢的同学为之后参与派对策划与邀请交流做好语言积累并增进协作精神。

第六部分:第一阶段课堂产出——教师提供各类真实的派对邀请函供学生挑

选一张进行对话练习,随后逐步减少目标语言的提示,培养学生派对邀请方面的语言表达,提高学生提炼有效信息的技能并且增强语言的实用性并增强学生对这一话题的兴趣与课堂参与热情。紧接着,教师引导学生思考邀请发起人应有的态度与情绪,并通过扫读邀请函提炼表示礼貌的句子,沉浸培养学生关于发起派对邀请者已有的尊重与愉悦情感态度,并有机地提升学生发起派对邀请的语言表达时注意尊重与愉悦性。

第七部分:第二阶段课堂产出——教师通过创造一个真实的活动场景:为胡老师设计一次有趣而特别的生日派对并且分工邀请同学参加派对。(学生1:打招呼并且介绍派对对象与内容;学生2:介绍派对日期、时间和地址;学生3、4:介绍派对活动;学生5:介绍派对的特殊设计,如:主题、着装等;学生6:回答同学问题并且说再见),沉浸锻炼学生综合运用本课学到的内容策划一次派对方案的能力,与此同时培养学生进行派对邀请与答复的听说能力。教师通过安排一位组员回答同学的疑问,培养学生预设问题的能力并继续提升学生注意派对文化、增进协作精神。

第八部分:作业布置——课后教师布置学生根据小组的派对设计,写一封派对邀请邮件给 Lucia 和江老师,及时沉浸巩固学生书写邀请函的素养。

课后:根据小组的派对设计,布置学生写一封派对邀请邮件给 Lucia 和江老师,降低作业的难度,激发更多学生参与撰写派对邀请的兴趣,强化学生书写派对邀请函邮件的素养。

(三)课堂效果

首先,学生"独合结合"派对策划与邀请素养方面。

派对邀请与策划意识方面。学生增强了尊重与愉悦的意识;大部分学生增强了关于礼貌委婉地意识;通过为他人设计惊喜派对,增强了集体意识;体会了"生日派对"这一话题的独特价值。

派对策划与邀请能力方面。学生学会了运用课文中的派对邀请、接受和拒绝的句型,并可以运用电话用语与他人问候;会运用课堂补充句型使派对话题的表达更贴近生活、更礼貌和更自然;大部分学生能注意调动自己已有的生活经验、知识积累使派对话题或电话用语表达更为丰富。

派对策划与邀请良好行为习惯方面。学生注意到了尊重与愉悦的情感态度；近4/5的学生能进行合适方式（如电话）的邀请；超过2/3的学生，能注意运用礼貌和委婉用语。

其次，课堂安排清晰，主题明确并通过沉浸式活动落实在了学生学习的过程中。

通过"两程"四次独立学习和四次合作学习，实施了沉浸式学习活动等"六式"的设计，围绕派对策划与邀请，学生在有梯度的活动设计中层层推进进行听说读写，真正地做到了用语言交流问题并解决问题，并有机沉浸了学习派对策划的邀请、接受和拒绝的句型、派对策划与邀请中的尊重与愉悦情感态度、拒绝邀请时语言表达中的礼貌与委婉用语。教学目标达成度与学生学习愉悦度高，预设效果与实际效果相匹配。[1]

四、意义揭示

首先，彰显了"独合结合沉浸式"学习在提升学生派对策划、邀请与"独合结合"素养方面的独特价值——"五性"。

其一，有机实践性。本节课有机地引导学生在教师设计的教学活动中围绕派对主题展开听说读写活动。通过将学生沉浸在派对话题中，培养学生用英语交流并解决与派对相关的实际问题的能力。通过个人实践活动和合作实践活动润物细无声地达成学习目标。

其二，联系生活性。教师在活动中增加电话铃声、电话便签等环节，增加了生活场景，从而帮助学生更好地沉浸到"派对"这一话题，培养学生用英语做事的能力。

其三，情境性。本节课共有两个教学情境：日常生活情境和派对情境。学生沉浸在真实的语言环境中完成"独合结合"的学习任务。从而全方面地提升了学生在派对策划与邀请方面的素养。

---

[1] 上海市中小学课程改革委员会办公室.上海市中小学英语课程标准[S].上海：上海教育出版社，2006.

其四，系统性。本课整合实施的系统性，主要表现在学生素养发展目标设计的系统性、学生"两程"学习单设计和教学过程"两程"执行的系统性、教学举措的系统性、教学实效达成的系统性等。正是因为整合实施具有的系统性，使师生更清楚了本课的英语听说读写能力和需要沉浸的"独合结合""两程"派对策划与邀请素养发展目标；能够整合教材内外紧密联系学生生活的、情境化的多样化学习资源，设计系列化沉浸式"四独四合"的包含句法和派对策划与邀请要素在内的实操型听说读写活动，从而在有效调动学生英语听说读写素养的同时，较好地全面达成了英语派对策划与邀请素养。

其五，实效性。梁小华博士在《活动与语言交流的介入作用》中定义过"沉浸式英语教学"。他创设了一种与母语相似的条件，使学生愿意交流，交流得有意义，在这种学习环境下课堂氛围活跃学生兴趣高。本节课教师备课环节扎实且具备"个性化"，教学内容设计符合学生目前的学习能力，教学环节设计沉浸生活场景增强了学生学习体验感，此外还通过"独合结合"的学习活动提高了学生自主、合作、探究学习的能力。在这节课中英语既是教学内容又是教学媒体。以上每一环节都有效提升了课堂的实效性，真正把学习的主动权还给学生，努力做到了把获取语言知识与语言技能的过程同时成为学生自主学习与探索的过程。

其次，多元引导式帮助学生自发融入课堂、深入英语派对策划与邀请文化学习。本课贯彻多元引导式（即课堂组际分享与提问式、借助小组学习单式、借助信息技术式以及随机激励和引导式），通过适时适量、有序有效的教师主导和学生主体活动，高效地完成了多元引导式学习的任务。这有别于"满堂灌"的教学方式，引导学生自发融入教学环节，通过较自由的思考与交流，不仅更深入更透彻地领悟了派对的要素、派对邀请的过程和派对策划的思考；同时，培养了发出派对邀请时的尊重和愉悦情绪、拒绝邀请时的注意礼貌用语和婉拒等派对文化；还有，鼓励生生之间以同伴、小组或全班为单位的"脑力激荡"（brain storming），一个学生产生构想，不但引发自己关于派对的认识和策划的思考，也同时引发其他学生的思考，产生一连串连锁反应。学生彼此接纳，相互启发，从而达到更好地促进学生对派对策划与邀请文化的理解，提高了课堂学习效果和课程完成度。

（撰稿者：上海市进才实验中学李廷婕）

范式 1-3

推介式学习：推广城市形象　提升语言实力

【摘要】读万卷书，还需要行万里路——这是人生成长的基本路径。以旅游为载体，引导学生作为城市主人翁来推广介绍城市文化，并从青少年的旅游视角来深入了解本土旅游文化，能很好地锻炼学生的参与积极性和推广本土文化的自豪感，同时，以英语为载体进行推广介绍可以增强学生用英语进行交流讨论的能力，并有效拓展学生词汇量，提升英语综合运用能力。

初一年级的学生普遍喜欢探究合作类的学习活动，他们对于国内外旅游文化有所了解，但对如何搜索旅游信息，加工对比并整理优化为推介名片等缺乏编写实践能力。上海教育出版社 2011 年版的《上海市中小学英语课程标准》指出，"教师要通过学习团队的组织，指导学生开展合作学习，引导学生逐步形成共同的学习理想与目标，积极的信任，良好的合作动机与个人责任"。《义务教育英语课程标准(2011 年版)》指出，"教师应该根据学生的年龄特点和需求，结合当地经济文化发展实际，有计划有组织、有创造性地开展内容丰富、形式多样、因地制宜的课外活动"。因此，本课以任务驱动为前提，指导学生基于独立学习与合作学习相结合的旅游情境，借助信息技术、学习单、表格来编写、展示英语旅游名片，同时注重提高学生交流和评价的能力。在此基础上培养学生主动关注城市旅游信息并收集、整理、有机参与创编"名片"并加以介绍的行为习惯和借助相关评价标准深入思考、互相客观评价的思维习惯，并提高学生推广城市旅游名片的兴趣。

一、设计依据

（一）学情分析

初一的学生普遍喜欢探究合作类的学习活动，在平时经常使用独立学习和合作学习的方式，例如课前三分钟个人演讲和小组讨论互评。他们对于国内外旅游文化有所了解，平时大多采取和父母一起出游和同学游学的方式，但对如何以独立学习与小组合作相结合（简称"独合结合"）的方式搜索旅游信息，加工对比并整理优化为推介名片等缺乏编写实践能力，同时展示、交流、评价与完善推介名片的经验也很少；很少有学生是自己独立完成旅游攻略搜索的。上海作为中国国家对外交流的窗口城市之一，城市的文化独特、鲜明，近年来，上海的旅游业发展令人瞩目，每年的9月至11月，上海旅游节吸引着海内外、国内外大批游客前来。推广城市形象，打造城市名片成为上海文化非常重要的一部分。作为城市新生力量代表的上海中学生，通过独立学习和合作学习相结合的方式去探究上海旅游文化的特点、对比整理较为优化的旅游信息、推广介绍城市旅游名片（简称"名片"），对提高学生的生活乐趣和生活自主能力都有很大意义。

（二）教材分析

上海教育出版社版的牛津7A第一单元的内容——Relatives in Beijing。教材中本单元的Reading部分，是一篇介绍北京四处知名景点的小短文。其中包括四处景点的地理位置、知名建筑或小景点，以及游客在此景点的可玩性等方面内容。这一部分的学习，是本单元的"输入"环节，学生能学习到从哪些方面介绍总结某一景点最重要的内容的语言技能。这一部分的主要目标，是"阅读"和"归纳总结"。本课是Reading部分的本土化延伸和发展，拟通过课前、课堂、课后"三程"结合，实施任务驱动，借助信息技术，借助"三程"学习单和表格来编写展示、交流、评价和完善英语旅游名片的学习过程，来增进学生对英语旅游名片编写的相关意识，扩大学生城市旅游名片方面阅读量和相关信息搜索、对比、概括能力和城市旅游景点推介能力。

首先，全班学生通过自由组合形成小组，对旅游特色的分类展开讨论，随机抽取任务组成水平相对平衡的合作小组进行探究(独自与合作相结合收集相关旅游景点信息、进行筛选、准备课堂交流文字稿和PPT制作等)。其中,课前学习单给学生设计了上海旅游地图填写和听力任务,两项任务均来自上海版牛津7B第一单元的内容。旨在通过完成以上学习任务,让学生对上海旅游地图有初步地理位置的认识,并对旅游景点介绍要素和内容有基本了解。

其次,在视频和相关图片的引入下,教师会带领全班学生一起梳理景点介绍的基本要素,即:地理位置、交通、周边环境、特色风光等,使学生初步把握旅游景点介绍的基本要素。随后各小组会根据所选旅游类别进行展示分享并在评价标准的帮助下,进行组间互评与组内自评,重点是"说"和"评",牢固掌握如何介绍旅游景点知识和推介城市旅游的意识、城市旅游名片推介设计、交流、评价能力。最后,组织合作小结,培养学生小结素养,增进编写展示上海旅游名片的学习的价值和兴趣。

课后,组织学生在3项作业(2项小组合作介绍另一城市旅游景点名片、1项自主选取家乡某一旅游景点设计介绍名片)中,自主选择1—2项开放性作业,并把其中1—2项的"名片"的展示内容做成微视频参加来年上海旅游节宣传视频评选,以此帮助学生巩固英语听说读写展示素养和旅游景点名片设计、推介素养,促进此类学习相应的良好行为习惯的养成。

二、教学目标

1. 在本课学习之后,学生能独立与合作完成英文旅游指南撰写实施过程中的信息收集、文章撰写、讨论改写、分工展示、讨论评价等;了解英文旅游指南编写的基本要素——主题、内容、风格、特色;了解英语旅游指南(名片)评价标准、讨论进而提出修改建议加以完善,并能运用评价标准进行内容审阅与评价反思;增进对在情境和任务中培养城市指南(名片)推介素养价值的认识。

2. 学生课前能够在小组讨论中根据个人能力和特点合作选好组长,并在组长带领下明确组员分工,独立进行所负责材料的收集和文字撰写工作;以合作学习讨论的形式结合上海城市旅游指南(名片)主题进行内容修改和编排等;内容完善后进行小组讨论细化课堂展示活动的分工,在老师的指导下进行练习和修改;讨论参照评价标准对个人分工和小组整合进行思考和修改,从中领悟撰写英文旅游指南的基本要素和基本技能的训练方法。

学生课堂能够分工明确用英文介绍小组成果;在本组展示后,能根据评价标准对其余小组展示进行过程性评价、细节分析和整体领悟;能够借助评价标准进行个人自我反思小结,从中领悟英语旅游指南编写、展示、交流、评价、反思和改进的方法。

学生课后能够组织小组讨论反思,小结在此次活动中的优点和不足并进行改进;能在组内讨论、提出改进评价标准的建议;能够独立反思小结个人在英语旅游指南编写过程中的优势与可改进的空间,并根据反思撰写 60—90 个词的旅游景点介绍,加大深度挖掘话题的能力;小组合作能把改进的成果借助 App 进行编辑形成视频进行分享,增进自信和成就感;能根据个人水平和兴趣选择合适的差异化作业并撰写成文,提高对旅游指南文字编撰的迁移能力(尤其是迁移运用到推介家乡旅游名片的能力)。

3. 激发学生参与上海城市旅游材料收集、英语指南编写、课堂展示、交流、评价与课后的兴趣;感受这样学习从观点、方法、成果、评价演变过程中个人口语、书面表达能力的提高和英语综合水平的提升的独特价值;体会个人投入对小组编写及展示英语旅游指南的积极作用,增强个体的责任意识和团队合作意识;培养从个体到整体、以点带面形成成果的良好习惯和耐心;在选择完成差异化分层作业尤其是撰写家乡旅游指南中提升参与的积极性和成就感,增进家国情怀;增进后续继续开展推介类探究学习的兴趣。

三、实践过程

本课以教师引导下,学生课前收集、提炼、课堂展示、分享、评价、小结,课后反思再改进和再设计(可选)"三程"结合,来提升初一学生英语听说读写素养,并有机沉浸渗透编写上海城市旅游景点介绍"名片"(旅游指南)、进行设计、展示、交流、评价和完善以及拓展再设计的相关的意识、知识、能力和良好行为习惯的"四素养",作为总体设计思路。落实安排,具体如下:

（一）导入课堂

教师：借助多媒体播放上海城市宣传片，提问：看完宣传片的感受是什么？对上海城市的看法是什么？并组织学生讨论、交流，在此过程中注意对学生作随机激励与引导。讨论过后引入上海旅游节话题，激励学生为推广城市名片出谋划策。

学生：独立观看视频、思考并参与讨论、回答，同时认真聆听别的同学的见解和教师的随机激励与引导，回顾景点介绍要素和注意事项。

【意图】帮助学生理解上海城市文化内涵并激发学生展示上海作为人文旅游胜地的热情，感受作为上海宣传大使的自豪感。

（二）组织展示

教师：邀请学生以小组为单位，借助信息技术，依次展示课前准备的旅游指南。在学生展示的过程中，观察并记录各组展示情况，激励每一位参与、努力完成任务的学生，对有需要帮助的，进行恰当的指导。同时注意关注其他学生安静聆听、记录别组展示的情况，随机进行组内、全班激励。

学生：相关小组借助信息技术，合作展示本组作品；同时其他小组成员借助"英语旅游指南评价标准"进行观摩、记录、思考各组展示情况；在每组展示结束后全班学生听取教师激励和随机引导进行思考和内化。

【意图】旨在培养良好小组合作习惯，巩固学生对英语旅游指南要素的掌握；同时有助于提高学生英语表达及综合运用能力并激发学生学习英语的热情。

（三）讨论评价

教师：简单评价班级整体展示情况并汇总所有作品，要求学生根据个人记录情况进行小组讨论，评选出两个最欣赏的作品，并讨论好理由。同时，教师对有困难的小组进行指导，提示其可参照学习单内的评价标准和评价要求进行评价。讨论结束后，邀请每组一至两位学生阐述理由。

学生：回顾所有小组的作品，独立思考结合合作讨论评出小组最佳作品两组，讨论说明理由并推选本组一至两位学生公布评选结果并阐释理由。

【意图】培养学生对英文旅游名片观赏、评判和说明理由的评价能力；感受推介探究学习对提高个人英文旅游名片推介素养和英语语用素养的综合影响，增进对其独特价值的认识；提升学生对英语学习的兴趣。

（四）组织小结

教师：说明小结要求，如学了什么内容与方法、怎样概括、怎样说明、有什么独特的体会和经验等，组织学生合作小结。

学生：按要求参与合作小结，思考回忆各组展示情况并概括所学内容和方法进而尝试阐释独特的体会和经验；在整个小结交流过程中学生要听取随机激励和引导，注意观察和记录板书，加以内化。

【意图】 培养学生小组合作梳理所学内容与方法、进行小结归纳的能力，并注意常态化进行学课小结，同时也有助于增强小组合作学习中学生的个人责任意识和团队合作意识。

（五）作业布置

教师：肯定所有学生良好的课堂表现之后用PPT展示课后作业，鼓励学生选择3项任务中的1—2项任务，独立或小组合作完成，如根据小组展示内容与素材，合作制作微视频，参与2020年上海旅游节宣传资料评选活动；小组合作选择上海另一景点，做旅游推介名片设计，字数60—90，并附图片；个人选择自己家乡一景点做旅游推介名片设计，字数60—90，附图片。与学生约定下次上课全班借助多媒体组织展示、交流和评价。

学生：独立思考或参与讨论后作出选择并在课后参与完成所选择的作业，在下节课之前准备好作业参与全班展示、交流、评价。

【意图】 旨在培养学生自主选择作业的能力，同时培养小组合作设计城市（或家乡）旅游指南迁移运用能力和巩固作业成果展示、交流、评价能力。

（六）主要成效

综上所述在实践过程中我们取得了如下效果：

第一，旅游名片推介意识方面，学生能够意识到在真实任务中使用英语对促进英语口头表达能力和综合运用能力的提高有一定作用；能完成完整的英语旅游指南编写需要团队合作;大部分学生能够在团队合作中增强合作责任意识,感受到个人对团队的影响;学生能体会到编写英语旅游指南对推广上海世界形象有积极有益的作用。

第二,旅游名片推介知识方面,学生能独自或合作了解编写英语旅游名片的大致框架,包括地理位置、景点基本特征等;知晓编写英语旅游名片要基本包括选取景点、基本介绍、重点介绍、旅游攻略等方面。

第三,展示英语旅游名片能力方面,学生在团队中至少承担一项任务,并能保证完成;大部分学生能初步根据评价标准进行个人及组间评价,并进行反思总结、提升改进英语旅游名片的能力;基本具备撰写英语旅游指南部分文章的能力;具有较好英语学习素养的学生,能在全体师生面前用英语流利介绍小组作品的能力。

第四,组间评价能力方面,大部分学生能用英语评价同学和其他小组的英语旅游名片作品,从内容、语言、实用性等角度多维开展。

第五,课后选择性作业完成能力方面,学生能够参与小组讨论反思在活动中的优点和不足并进行改进;大部分的学生能根据反思撰写60—80词的旅游景点介绍;有部分对本次活动非常感兴趣的学生,能小组合作把改进的成果借助App编辑成视频进行分享。学生能根据个人水平和兴趣,积极尝试选取家乡景点进行旅游名片推介,锻炼了迁移运用旅游名片的推介能力。

四、意义揭示

本次城市名片推介素养培养学习的研究课的实践,取得了较好的教学效果,紧扣课前、课中和课后相结合,彰显了整合运用任务单在培养学生城市名片推介素养方面的独特价值。

(一) 有效提升学生参与学习的积极性

与以往仅是坐在课堂听课不同,本课主要让学生经历课前、课中和课后"三程"结合培养学生城市旅游名片推介素养。上海城市旅游景点、家乡旅游景点、旅游指南等,又使学习基础参差不一的学生有感兴趣的学习资源,整个学习过程,围绕城市旅游景点指南（名片）的推介，将收集、梳理、设计、展示、交流、评价、小结、完善和再实践等过程整合起来，很好地吸引了全班学生"三程"参与的积极性，从而也为提高"三程"学习的实效性和学生城市旅游名片推介素养的发展奠定了良好的基于学生内需的基础。

（二）有效凸显了学生学习的主体性

区别于以往英语课的"师授生听"模式，本节课上，围绕城市旅游景点指南（名片）的推介，"三程"进行收集、梳理、设计、展示、交流、评价、小结、完善和再实践等动作的过程，都是学生自发独立或者小组合作下进行的，教师主要是借助任务单进行学习的引导，学生更多地成了"三程"（尤其是课堂）学习的主人翁，从而有效地保证了英语城市旅游名片推介之听说读写和话题交流任务的完成，有效促进了沉浸英语城市旅游名片推介素养目标的达成。

（三）有效提升了推介学习的实效性

本节课，学生围绕完成英语城市旅游名片推介的沉浸式任务，在课前准备→课堂展评→课后再实践的"三程"，参与独立学习和小组合作学习，较为全面地达成了预设的学生"独合结合""三程"英语听说读写与话题交流目标、城市英语旅游名片推介素养发展目标和教学"三维目标"，很好地体现了这样教与学的有效性。

（四）有效凸显了任务驱动式学习的浸润性

本节课上教师利用课前、课堂、课后的任务单将上海城市旅游景点、家乡旅游景点、旅游指南等，既作为教学内容（资源），又作为教学媒体——即设计为一个个具体的任务，展开教与学的过程，既锻炼了学生完成相应任务时的英语听说读写评和话题交流能力、兴趣与自信，又有机发展了学生城市旅游名片推介素养和小组合作能力、责任意识和协作精神，进而增进了学生跨文化交际的意识。这很好地显示了英语语言学习的浸润意义。

（撰稿者：上海市进才实验中学黄雯雯）

第二章

具身学习：深度参与的秘密

  本章所探讨的具身学习将引导学生在课堂中进行深入探究,而非止于学习形式的表面。在词条式学习中,学生通过沉浸在独立与合作中的词条编写,进行相关主题的复习写作;在编辑式学习中,通过设置校刊编辑的真实情境,调动学生参与英语校刊编制的积极性;在实验式学习中,学生通过参与探究性实验和测量性实验,借助信息技术进行实验学习。不同的学习形式引领学生开展面更广、难度更高、独创性更明显的课程活动。学生作为学习活动的主体,深入加工把握知识的本质。

词条式学习：培养真实语境下的语言运用能力

【摘要】对于有一定英语写作基础的初二学生，也可以通过编写词条的形式，进行一些相关主题的复习写作。沉浸在独立与合作中的词条编写式学习，既可以促进学生的写作热情，又可以增强学生写作的信心，还能够提升他们英语语言综合运用能力，让他们切身体验到语言学习的价值。

初二年级的学生对于"Electricity"这个主题有一定的英语句型基础和写作基础，但是大部分学生缺乏写作热情和信心，缺少对"Electricity"各方面内容的完整写作体验。上海教育出版社 2006 年版的《上海市中小学英语课程标准》(简称"英语课标")指出，"英语教学的特点之一，是要使学生尽可能多地从不同渠道、以不同形式接触和学习英语，亲身感受和直接体验语言及语言运用"①。因此，在英语学习中，我们可以建立真实的语言环境，编写英语百科词条就是一个行之有效的方法，帮助学生沉浸在实际语境中，综合运用英语。

一、设计依据

（一）学情分析

初二的学生，英语学习基础和写作应用能力一般；对于在学习单（课前预习单、课堂学习单和课后作业单——以下简称"三单"）的引导下，进行英语单元的复

---

① 中央全面深化改革委员会办公室.上海市中小学英语课程标准[S].上海：上海教育出版社,2006.

习及写作,还没有完整体验过;学生对于课前、课堂、课后学习的全过程,结合"三单"进行写作的能力,需要加以提高。

虽然从预备年级开始,我们的学生就进行过基于独立学习与合作学习相结合(简称"独合结合")的相关培训,了解并掌握了一些方法和技巧,但主要探究的是英文歌曲、英文诗歌、英语谚语等拓展性的内容,而对于课内单元复习写作课中沉浸单元复习相关单词、句型和单元主题所涉及的定义、用途的学习涉及甚少。因此,有必要通过多样化的学习复习与写作、评价等任务,引导学生讨论与分工撰写"电"的百科词条,锻炼学生复习单元内容——电的知识,和沉浸尝试小组合作编写"电"的百科词条能力。

对于"三程""独合结合"整合实施"沉浸式"等"五式"进行单元复习和有机渗透写作能力训练,学生极少体验;对于组内、组际互评式,学生未曾用具体评价表作为依据评价过。对于分类指导式以及随机激励式,这个在平常的课堂中较常使用。至于借助信息技术式,学生每节课都会体验到。

此外,对于 Electricity 的写作,大部分学生热情不高,大部分学生写作内容停留在 7B U11 的"电器以及节电方式"上,对于 8B U3 新学的"电的旅程"以及"用电安全",常常弃之不用。因此,如何引导学生整合新旧知识,提高写作兴趣和能力,就变得尤为重要。学生此前没有进行过英语百科词条的编写,但是对于 Electricity 的内容是有一定了解的,只是对此缺乏整体的架构和细节写作实践。

因此,本课拟通过编写百科词条"Electricity",采用"独合结合"的英语沉浸式学习等"五式",来锻炼学生单元复习能力,激发整合新旧知识进行写作(编写"电"的百科词条)的兴趣,进而提升学生英语学习综合语用实践素养。

(二) 教材分析

本课的写作内容,是基于上海市九年义务教育课本牛津上海版英语八年级第二学期 Module 1 Unit 3 的 Reading 部分《A dangerous servant》,Speaking 部分《Safety at home》和 More practice 部分《Electricity works everywhere》,由执教者整合而成的——以"独合结合"的"三程·三单"形式加以呈现。

课前预习单:帮助学生自主复习"电"的概念,拓展"电"的历史研究,以及引导学生自主搜索资料。

课堂学习单：包括电的产生方式表格，小组、个人思维导图及写作空表，和评价表，以期帮助学生复习并进行拓展学习，并进行写作及评价。

课后学习单：要求小组整合修改组内文章，以期做成更好的关于电的百科词条；另外，小组构思 8B U1Trees 或 8B U2Water 的词条框架，以期提高学生编写百科词条的能力。

因为教材的原有 Writing 部分是关于制定 Office Rules 和 Highfield School Rules 的，与单元主题 electricity 没有关系，只是单纯操练了 Grammar 部分的 must 和 must not。因此，为了更好地切合单元主题 Electricity，同时也是为了顺应单元考查的要求，我把 Writing 的部分，改成编写 Electricity 的英语百科词条，以既促使学生复习 7B U11 关于电的用途和节电方法的知识，又推动学生运用 8B U3 新学的关于电的旅程和安全用电的内容，还激起学生学习电的历史性研究和产生方式的兴趣，有效地在单元复习主题下沉浸提升写作能力。

二、教学目标

1. 英语百科相关词条编写意识方面。学生能够意识到：编写英语"电"的百科词条这样的应用文体，可以促进学生单元"独合结合"的复习、英语相关写作能力和语言综合运用能力的提升。学生能够认识到：用小组合作的方式编写 Electricity 的英语百科词条的某一方面，可以降低写作的难度，提高写作的速度和质量，并增强写作的信心和团队合作意识。大部分学生，能够体会到，要想编出一个合格的英语百科词条，需要小组中的每个个体的努力，从而增强责任意识。

2. 英语百科相关词条编写知识与能力方面。学生能了解百科词条的一些特点；学生能了解相关百科名词词条包含的基本要素。大部分学生能够具备用英文编写一个相关词条的能力。学生能够具有整体构思和关注片段与细节的能力；在词条编写中承担至少一方面的任务，并尽力完成的能力；有根据评价标准，进行个人、组内、组间等多元的评价，并进行总结反思，改进提升自我的能力。

3. 英语百科相关词条编写行为习惯方面。学生能够初步养成用英语进行思维、交流的习惯；初步养成整体构思、关注全局以及细节思考的习惯；进一步养成独立学习与合作学习相结合的学习习惯。愿意在后续新的词条 Trees 或 Water 的编写中，尝试运用本课所学、所体悟到的"学法"（包括学习策略方式方法等），进行新的尝试。

4. 英语单元复习和基本写作能力方面。学生能够用固定句型总结出 7B U11 中电的用途，学生可以根据 8B U3 的内容，归纳出电的定义；能够根据 8B U3 的内容，列举出安全用电的要点；全体学生能够了解补充的电的新知识"关于电的历史研究，以及电的主要产生方式"；能够根据题目列出文章的提纲；能够根据所写的不同方面选用合适的单词、句型等表述文章的内容和反映主题；大部分学生能够有意识地运用不同表述和句型。

三、实践过程

本课以课前、课堂、课后"三程"结合整合实施沉浸式等"五式"（课堂合作构思与独立写作式、组内互评和组际分享式、分类指导式、借助信息技术式、随机激励和引导式），"独合结合"进行电的单元复习，在小组合作讨论、分工进行英语电的百科词条编写的过程中，沉浸写作能力训练，来提升初二学生编写相关百科词条的意识、知识、能力和良好行为习惯"四素养"，进而提升其他相关素养作为总体设计思路。

（一）导入新课

教师：校对课前预习单的练习，播放关于发电方式的听力录音，最后带领学生归纳总结出 Electricity 的英语百科词条的各要素。

学生：校对课前预习单的练习，得出电的简化定义，学生介绍电的历史研究，然后听录音填写关于发电方式的表格，最后在老师的指导下，师生归纳总结出 Electricity 的英语百科词条的各要素。

【意图】培养学生的课前预习习惯、锻炼词条撰写构思能力，激发英语写作热情。

（二）构思写作

教师：根据学生对电各个要素的兴趣不同，引导学生分 6 组；然后指导小组讨论所要编写的要素内容,并列出这一片段的提纲,最后要求学生进行个人写作。

学生:根据对电的各个要素的不同兴趣,分成 6 组;然后按组讨论所要编写的那一方面的内容,并列出提纲;最后自己根据小组提纲适当增删,独立进行写作。

【意图】培养学生根据评价表互评和整合的能力;增进独立与自主相结合编写英语百科词条的能力;增进这样学习的兴趣;体悟这样学习所蕴含的学习方式方法。

(三)评价修改

教师:要求学生进行组内互评,给出修改意见,并且请每个小组推出一篇优秀片段;然后请学生展示每组的优秀片段,并且张贴为 Electricity 百科词条的一个要素。

学生:进行小组内互评,给出修改建议,并推选出本组的优秀作品;学生朗读被推选出的优秀片段,并张贴到 Electricity 的词条上,最后形成 Electricity 的完整百科词条。

【意图】培养学生根据评价表互评和整合的能力;增进独立与自主相结合编写英语百科词条的能力;体验词条完成后的成就感。

(四)拓展作业

对照词条评价表,修改自己的文章。

小组讨论构思出 Trees 或 Water 的英语百科词条提纲。

【意图】培养修改文章的习惯和锻炼其他百科词条编写的能力。

四、意义揭示

(一)彰显了"独合结合"实施英语沉浸等"五式"借助编写百科词条,锻炼了单元复习与写作能力发展互为沉浸方面的独特价值——"两大方面·六性"价值

整体视角互为沉浸方面的独特价值——整体性价值:本课"独合结合"实施英

语沉浸等"五式",借助编写百科词条,进行单元复习,既串联复习了电的知识两个单元的内容,还做了一定的拓展补充;又整合电和英语的新旧知识,借助编写"电"的百科词条,进一步沉浸了电的旧与新知识的复习,又沉浸了写作方面的新旧知识,从而实现了"电"的两个单元知识与复习与该词条的写作能力培养的有机整合,使两方面的素养在互为浸润中得到了相得益彰的共同发展——这就是本课电的(两个)单元复习与该词条的编写互为沉浸方面整体的独特价值。

沉浸方面的分项性价值:一是易接受性。围绕"Electricity"词条的编写,学生合作构思和独立写作相结合,打破了以往单独写作的苦闷,降低了写作难度,大部分同学下笔时,目标明确,有内容可写,愿意写→从而保证了词条编写、展示、交流与评价的实效。二是互补性。各组成员选择编写的"Electricity"要素提纲和整合后的本组完整词条,组内互评和组际分享,既让同组的人互相学习同一方面的不同表述,又让不同组的人分享学习了其他五个方面的内容,使得学生既能深入学习自己所选的一方面的作品,又能全面学习词条的另外几方面,丰富了对"Electricity"六个方面要素和词条整合表述的认识,拓展了表述的视野,增进了继续这样学习词条写作的兴趣。三是针对性。分类指导式,使得时态、句型的指导更有针对性,比如写"电的历史"小组,得到了老师对于过去时的指导,书写时准确性更高。四是直观→高效性。"三程"学习中,师生各自借助信息技术,开展相关"独合结合"任务的学习中,借助信息技术,通过图片、语音、展示,使得呈现相关信息时,变得更为丰富、便捷、立体、生动和随机,对学生参与电的单元复习和词条编写引导就更为及时、全面、深入,从而能够更加高效。五是趣味性。随机激励与引导式,使得学生的复习和写作参与热情增加,复习和写作过程中理解透、速度快、质量好、有一定独特性等编写能力发展等行为都能得到及时肯定,对不足之处的及时引导又化解了学生表述方面的困惑→从而既更好地促进了学生注意提高对电的词条编写的速度与质量;又进一步激发了学生后续编写其他百科词条的兴趣。如,学生下课后,就立刻积极地列出 Water 和 Trees 的百科词条大纲,这是以往的写作教学未达到过的效果。

(二)"三程·三单"活动的设置符合目标设置理论

本课涉及的"三程"(课前、课堂、课后)和"三单"(课前预习单、课堂学习单、课后作业单)的各环节,是符合美国管理学家洛克和休斯等提出的"目标设置理论"①的:一是,在引入时就让学生感受到——编写百科词条这一目标,是可接受的(美国一位33岁的志愿者,已经对维基百科进行了250多万次的编辑)。二是,"三单"里的活动难度是渐进的——比如在课前预习单里,首先是复习电的简单定义,然后阅读两篇关于电的历史和研究的略有难度的文章,最后是查阅自己感兴趣的电的方面,并记录下来。三是,"三单"里的各项活动的目标是明确的。以课堂学习单为例,听力题,旨在帮助学生了解电的产生途径和可能造成的污染;小组讨论记录活动,目的是拓展学生写作的思路;写作部分,是为了锻炼学生的独立写作能力;最后的评价表,旨在提醒学生写作过程中需注意的事项。所有活动的目标设置都是明确的。因此,根据"三程·三单"进行的教学设计是符合目标设置理论的,有助于提高学生的百科词条主题写作能力。

(三) 通过编写百科词条,培养单元复习与写作能力、"独合结合"与"三程"学习互为沉浸,符合建构主义学习理论

建构主义学习理论认为,"学习时,学习者通过原有的认知结构,与从情境中接受的感觉信息互相作用,来生成信息的意义和过程"。关于电的知识,学生学习过很多,在7B U11中学习了电气设备和电的用途,在8B U3中学习了电的旅程和安全用电,但是却是分散无序的。本课通过编写"电"的百科词条,沉浸串联了复习两个单元已有的"电"的方面知识,还学习了补充的新知识。然后,学生通过自己的理解,整合电的新旧知识,编写电的百科词条,锻炼了写作能力,进而又巩固了电的知识。这一单元复习与电的词条撰写的过程,整合了"三程"之对"电"的两个单元复习和"电"的词条撰写,既实现了沉浸"电"的单元复习与词条撰写素养发展的互为促进,又实现了"三程""独合结合"学习过程的互为基础、相互促进,还拓展延伸到了下次课对Trees或Water的英语百科词条提纲的讨论与撰写,锻炼迁移运用所学编写英语新的百科词条能力,又可巩固百科词条写作的六要素,巩固写作基本方法——这样的互为基础,互为促进的素养沉浸,符合建构主义学习

---

① 孙微.实施"五策"提高数学单元复习和自我监控能力培养实效[J].浦东教育研究,2018(2):48—51,转7.

理论。

在展示阶段,学生们看到了一张张贴在黑板上的不同小组的比较完整的"电"的百科词条,直观地体会到写作的成就感。因而,编写百科词条,对于提高单元复习与写作能力,有显性的价值,是值得继续探索的。

(撰稿者:上海市进才实验中学杨冬梅)

范式 2-2

编辑式学习：以校刊为媒介的沉浸学习

【摘要】编辑也是一种学习，学生在六年级小组合作制作过海报，在七年级仿写过两篇诗歌，还制作过一些与单元学习内容相关的英语小报。在这些活动中，学生能够锻炼英语写作与表达能力。从这些实践活动中能够看到，学生对真实情境中的任务会更热情地投入和更认真地对待。学生在独立学习与合作学习中，能够更好地提升语言能力，以及运用英语进行表达、开展多维思维等活动。

我校校刊《朝花》专门设定了两个英文版面，用来发表初二和初三的学生的优秀文章。因此，在这个真实的情景中，学生会更加认真地对待此项任务。另外，以往的学科综合实践活动也表明：独立与合作学习相结合的方式能够很好地调动学生参与英语校刊编制的积极性，尤其能带动一些在英语学习中平时不太愿意思考和行动的学生，有效锻炼学生英语写作能力和口语表达能力，有效发展学生英语校刊编制素养，增进学生英语学习的兴趣与信心。因此，通过编辑式学习能够更加规范地开展相关沉浸式活动的探索。

一、设计依据

（一）学情分析

在英语学习过程中，初二的学生已经常使用独立学习与合作学习的方式。从个人的课前3分钟演讲到小组课本剧展演，学生们能较好地在全英文的环境下完成任务。但有一半以上学生的课前演讲内容，基本是通过网络查找后的复制、粘贴，学生们缺乏自我编辑与修改的能力，甚至懒于思考及修改。对于答题之外的英语活动，学生们体现出很高的热情和良好的合作意识。尤其有一部分学生在每一次的学科活动中，都能有所创新，一部分小组的作品在几位能力较强学生的编排下，最后呈现时，常常能给大家带来惊喜。对于英语写作，学生们每一至两周会有一篇相关单元内容的训练，但均由老师批改，同学间互评的形式几乎没有，批改后重新整合的实践也很少。因此，还有较大一部分学生的英语写作能力较弱，有一部分学生对英语写作缺少思路和信心。

对于英语校刊，同学们都是很期待的，尤其对能刊登自己的文章，并通过自己的编辑呈现出来，同学们更加感兴趣、更加重视。但总体来说，本班学生编制英语校刊的意识、知识、能力和良好行为习惯（简称"四素养"）均需要提升，且他们间"四素养"的差异性大。

因此，本课拟通过独立学习与合作学习相结合（简称"独合结合"）课前、课堂与课后"三程"实施沉浸"五式"编制、交流、评价和完善英语校刊的学习过程，来增进学生对英语校刊的相关意识，扩大阅读量及相关知识，提高能力，培养良好行为习惯，并增进学生对英语写作与表达的兴趣和信心。

（二）教材分析

本课教学内容源于九年义务教育课本牛津上海版英语八年级第二学期 Module 2 Unit 4《Newspapers》的 Reading 部分。教材的 Reading 部分，是一篇一位八年级学生（英语校报相关负责人）写给校长的工作报告。其中记录了学生们如何选举产生了校报的主编、秘书及责任编辑，也记录了学生们对报刊标题的讨论过程。这一部分的学习，是本单元的"输入"环节，学生学习了与报刊相关的语言知识和具体语言技能，以"听"和"阅读"为主要目标。为了检测学生们在"输入"课程中的掌握情况，本课采用让学生沉浸在真实的编制英语校刊活动中，学生通过"写"与"说"，来运用和展示自己在报刊设计中所掌握的知识和技能。

二、教学目标

1. 能够根据个人能力与特点合作讨论选定主编,在主编的带领下明确本组英语校刊编制的主题及分工,独立进行材料的收集和文章的撰写,以合作学习形式进行英语校刊的稿件修改、版面修改等,再次合作讨论明确本组英语校刊版面的展示分工,独合结合式准备展示和练习台词,整个过程均可参照评价标准,对自己承担的任务进行反复思考与修改——从中有区别地体悟英语校刊编制的基本程序性方法、基本要求和展示方法。

2. 经历所编英语校刊小组合作展示、评选和自主反思、小结所学和体会,听取教师随机激励的学习过程,能够流畅地参与合作展示小组所编的英语校刊;能够参照评价标准,合作点评其他小组的英语校刊编制、展示中的表现;能够借助评价标准,进行个人自我评价与反思——从中体悟英语校刊编制与展示、评价和反思、改进的方法。

3. 能够自主选择 100—200 字,完成英语校刊编制工作报告,从中体悟英语校刊编制过程中的个人与合作的方法;能够合作完成英语校刊的重新整合,进一步完善英语报刊编制标准——从中进一步完善体悟英语校刊的编制方法,程度不一地培养坚持为校刊投稿和参与班级英语班刊的编制行为,增进自信。

三、实践过程

(一)组织校刊价值讨论

教师提问:校刊《朝花》给大家带来了什么?

聆听学生回答,激励和引导相关学生。

【意图】帮助学生巩固英语校刊编制基本知识;激发学生展示英语校刊版面热情;感受英语校刊编制对发展综合素养的独特意义。

(二)组织自编英语校刊版面展示

邀请学生以小组为单位,借助信息技术,依次展示课前所编英语校刊版面,提醒学生介绍小组分工。

观察并记录每组展示情况，肯定每一位参与编制、展示、工作的学生，对有需要帮助的学生进行恰当的引导；同时关注其他学生的聆听和记录情况，注意随机在组内、全班激励。

【意图】巩固学生对编制英语校刊的知识掌握；激发学生在沉浸式英语学习中的热情；提高学生英语表达及综合运用能力。

（三）组织组内讨论，借助"评价标准"和小组"汇总单"师生合作评选出最佳作品

指导学生借助"评价标准"和小组"汇总单"，通过组内讨论的形式，合作评选出本次校刊编制活动中的最佳作品，要求成员在产生评价结果的同时还能阐述一些理由或给出一些建议。

【意图】培养与提升学生对英语校刊编制的评价能力；感受沉浸式编制英语校刊对提高个人英语综合素养的积极影响；提升学生对沉浸式英语学习的兴趣。

（四）组织个人反思、小结和交流

肯定每一位学生在本次英语校刊编制过程中的优秀表现。请每一位学生用两分钟时间思考自己在本次编制英语校刊活动中的不足、收获、发现或感谢，可简单记录在评价表下方。

请学生表述出自己的反思、收获或感想。

【意图】培养学生自我反思、小结的能力；感悟个人投入对团队的积极作用，合作对个人带来的帮助与提升，增强个人责任意识和团队合作精神。

（五）课堂小结，布置课后作业

肯定所有学生的课堂的良好表现，布置学生写一篇参与英语校刊编制的工作报告。提示学生，可以根据个人能力参考本单元的 Reading 部分，字数 100—200 字；30 分钟内完成。

鼓励学生以班级为单位将本课中所展示的作品进行重新整合，编制一份班级英语电子报；引导、帮助班级完成这份电子报并发表在班级群。

有兴趣的学生(希望至少有一半左右),请根据英语校刊编辑基本过程、要求、以前和这次基于"独合结合""三程"实施沉浸"五式"尝试编制英语校刊的经历与经验等,尝试定期(如一个月1期)编制英语班刊,并注意听取同学和老师意见,不断完善英语班刊编辑水平。

【意图】巩固学生在本次沉浸式编制英语校刊中掌握"四素养"。

(六) 主要实效

学生经历课前编制、课堂交流评价和课后完善英语校刊的学习过程,较好地达成了本课的相关教学目标。

课前,学生接收到为校刊《朝花》编制英语版面的任务,沉浸在这样一个真实并且有吸引力的学习任务中,学生学习探索的兴趣很快就被调动起来了。学生经历小组合作讨论成员分工、商定英语校刊版面主题、分头搜寻材料、撰写文章、设计版面;再通过小组合作讨论、修改并定稿,强化了学生编制英语校刊的意识,增加了学生在学科知识上的积累,锻炼了学生在编制英语校刊的过程中自主与小组合作阅读、讨论、解决问题和交流的能力。英语校刊版面定稿后,学生再次合作讨论并排演课上展示环节。在一次又一次的演练过程中,巩固了学生对编制英语校刊基本要素的掌握,锻炼了学生英语表达能力;在一次又一次的讲稿修改过程中,锻炼了学生自主质疑探索和小组合作交流的能力。

课上,学生经历小组合作介绍并展示本小组编制的英语校刊版面,学生借助信息技术及自主选择的一些道具,合作、分工,详细且形式丰富的介绍了自己的作品,有效的提升了学生对英语学习的兴趣与自信,锻炼了学生英语表达的能力,增进了个人的责任意识和团队合作意识。学生经历独自观察、聆听、记录和思考,加强了对英语校刊知识的掌握,锻炼了观、听、梳理归纳和评价的能力;再经历借助评价记录表进行小组讨论并评选出优秀作品,提高了运用评价表进行评价的能力,认识到英语校刊编制与展示中自我可改善的地方。经历自主反思、小结本次英语校刊编制活动中的收获与不足,增强了参与编制英语校刊的兴趣和自信,锻炼了反思与小结的能力,增进了独合结合课堂小结意识,并再次强化了个人的责任意识和团队合作意识。

课后,学生独自完成100—200词的英语校刊编制工作报告,进一步感知到自己和同伴在英语校刊编制过程中的优点、改进方向和收获,提升了学习英语的兴趣和信心,再次锻炼了英语学习过程中的反思和小结能力。学生再次合作,将6个小组的版面整合为一份班级英语报,并在后续的课上进行介绍与讨论,锻炼了合作编制英语刊物的能力,学生激发了学生保持英语报刊编制或坚持向校刊投稿的热情。

四、意义揭示

(一)引导学生自主学习与探究

通过"独合结合"的英语学习对学生的自主学习提出了比较高的要求,无论是环境的创设层面,还是从教学方式的具体实施过程中,都充分调动学生学习英语的积极性与主动性。此外,根据中学生心理层面的特点,通过能力展现,让各个类型的同学都把自己能力展现了出来,这不同于以往以考试成绩展现学习能力的表现形式。在这个过程中,学生的积极性被调动起来,一方面可以提升整个沉浸式教学的实施效果,另一方面也可以让学生感知英语在交流中所体现的作用与价值。

(二)营造了良好的语言氛围

从语言学习角度来看,英语的学习属于第二语言的学习。由于母语存在一定层面的负向干扰,如果缺乏必要的环境层面的支持,将会在客观上影响并限制学生在英语学习层面的成长与进步。在"独合结合"的沉浸式学习中,通过营造一个全英语的环境,学生可以排除母语的干扰,以英语为出发点,借助资料查找翻译,选题立意,充分应用英语这一第二语言,创造符合选题的英语环境,感受英语本身所具有的文化价值与魅力,此外,也可借助这一方法,更加自主地进行语言层面的练习与应用。

(三)促进学生自主合作能力,激发潜能

学生在本次课堂活动的开展过程中,"独合结合"的形式让每一位小组成员都积极的参与到英语报刊的制作和介绍过程中。平时的基础型课程则达不到这个

效果。并且本次"沉浸式"活动包含的内容很丰富,除了知识层面上的语言运用外,更重要的是锻炼了学生们彼此间的分工合作能力。最让教师感到惊喜的是,平时在基础型课程中表现平平或不够积极的学生,在本次的活动中展现出了极高的配合度与参与度。他们在活动的参与中展现出了高超的版面制作能力、电脑绘图能力、英语演讲能力等。"独合结合"的学习活动有效挖掘了学生身上的潜能,也为师生、生生间的多角度评价创造了机会。

(撰稿者:上海市进才实验中学王丽)

范式 2-3

实验式学习：重实验操作　养探究能力

【摘要】实验也是一种学习方式。基于独立学习与合作学习相结合，以"温度 温标"为教学内容，在课前和课后设计观察性实验，课中设计探究性实验和测量性实验，借助信息技术和"预设激励""随机激励"两类激励进行三类实验学习，将学生对温度的感性认识提升到科学的理性认识，在实验式学习中提高学生的物理实验素养。

《上海市中学物理课程标准（试行稿）》（上海教育出版社出版，以下简称为"课标"）对温度、温标要求的学习水平为 B 级（理解级），初步把握学习内容的由来、意义和主要特征。关于独立学习与合作学习相结合（简称"独合结合"）方面，课标中提倡物理学习的自主性、探究性、合作性，让学生主动参与学习，体验和感悟科学探究的过程与方法，激发他们持久的学习兴趣和求知欲望，并在探究过程中培养自主学习的能力，逐步实现学习方式的转变，使学生养成敢于质疑、善于交流、乐于合作和勇于实践的科学态度。[1] 在实验素养方面，课标强调要注重提高学生的基本科学素养，让他们不仅掌握物理知识，还具有科学精神和创新能力。课标对实验要求为 B 级（学会级）的具体要求是，根据实验目的按照简要的实验步骤，合理选择实验器材，独立完成观察、测量、验证和探究等实验任务，正确处理实验数据。在信息技术方面，要求与信息技术整合，增强在信息化环境下学生自主学习

---

[1] 上海教育委员会.上海市中学物理课程标准（试行稿）[S].上海：上海教育出版社,2004.

的意识和能力。在学习评价方面,要求激励学生的个性发展和进取精神。实验式学习,就是基于"独合结合",充分重视实验操作,培养学生的探究能力。

一、设计依据

(一) 学情分析

初二学生已简单学习过牛津上海版科学六年级第一学期第一章中《简单的实验技巧》中的热膨胀知识、温度的初步概念和温度计的基本使用方法等知识,但由于时间较长,会有一些遗忘。由于热现象普遍存在于自然界中,也是学生能直接感知到的物理现象之一,所以学生对物体"冷热"有着较多的感性经验,但对于温度的定义和摄氏温标的定标缺乏理性的认识。学生对实验学习也有着积极的态度,具备初步的实验设计、操作和评价能力,对探究性实验和测量性实验有一定的了解和认识。学生在平时的物理学习中,经历过独立学习与合作学习相结合的学习方式,已习惯于使用多媒体等信息技术开展教学,对于老师的预设和随机激励都比较期望;但对于课前、课堂、课后"三程"学习的全过程中,独立学习与合作学习相结合借助课前、课中与课后活动卡(简称"三卡")实施多元实验实验的完整经历还比较缺乏,独立学习与合作学习相结合开展实验的素养也有待提高。

(二) 教材和配套活动卡分析

《温度 温标》是上海教育出版社八年级第二学期物理课本(2015年5月第3版,以下简称为课本)第五章《热与能》第一节第一课时的内容,主要学习温度、摄氏温标、温度计及使用等。温度是本章知识的起始概念,是学习热量、比热容、内能和热机等知识的基础。摄氏温标是本课时的重点,摄氏温标的建构是本课时的难点。

课本在编排上,主要体现知识的逻辑性,在实验教学的教学方式、实施形式方面,并没有具体的表述。在上海教育出版社八年级第二学期物理活动卡(2015年5月第3版,以下简称为"活动卡")中,编排了6个活动和3个阅读理解,共计9项课堂活动。其中包括:(1)感觉的可靠性;(2)观察实验室温度计;(3)判断温度计使用方法的正误;(4)比较实验室常用温度计和体温计;(5)用温度计测量温度并绘制水温随时间变化的冷却图线；(6)制作一支简易温度计并定标；(7)摄氏温标的定标方法；(8)液体温度计的原理；(9)伽利略温度计。根据独立学习与合作学习的特征，适合独立学习的课堂活动有(1)—(4)、(7)—(9)，适合合作学习(5)和(6)的课堂活动。但如何更有效地进行独立学习与合作学习，以怎样的课堂教学形式进行课堂实施，还需要重组和整合。

二、教学目标

1. 学生认同"独合结合"学习的价值，并能够进行主动学用；完成实验过程、评价实验情况；学生了解观察性实验法、探究性实验和测定性实验；学生愿意主动尝试解决问题，有勇于探索、实践思辨的行为，在行为中体现出责任心、奉献分享。

2. 学生了解本课中涉及的三类实验的实验目的，并能根据实验目的、步骤和要求，使用给定的实验器材，完成较简单的观察、测定和探究实验任务，写出简单的实验报告。

3. 经历自主完成"感觉不可靠"的小实验，感受观察性实验的基本步骤，知道温度的物理意义及单位；经历合作学习改进简易温度计，建立摄氏温标概念，感受科学探究的科学方法；通过用温度计测温度，学会温度计的使用。

三、实践过程

基于以上分析，在课堂实践过程中，借助"三程""三卡"，结合借助信息技术和两类激励，引导学生完成三类实验式学习，理解温度概念、摄氏温标的定标方式，掌握温度计的正确使用方法，从而提升"独合结合"三类物理实验素养。

（一）导入新课

教师：投影展示课前活动卡记录，反馈课前小实验的完成情况，进行随机激励和引导。

学生：自主听讲、观察、思考和记录，在认知冲突中感受测量的必要性（学生本以为冷热程度感觉应该相同，但实际感觉却不同，产生认知冲突）。

【意图】培养良好的及时、保质完成课前活动卡的习惯；认识科学测量必要性，培养自主完成观察性实验能力。

（二）学习温度

教师：提问"温度的单位是什么？你知道生活中哪些物体的温度？"引导学生在组内相互交流，并引导自主学习课本 P31 的温度的阶梯，用科学方法表述温度值。

学生：自主听讲并思考，参与组内讨论、交流温度单位和常见温度值。自主阅读课本，学用科学语言表述温度值（学生觉得很惊讶，太阳表面的温度可以达到那么高）。

【意图】增进学生联系生活经验、结合课本知识，进行自主学习的意识、认识了温度概念并学会了科学表述温度值。

（三）建构温标

教师：通过设问"既然单凭感觉判断冷热是不可靠的，我们怎样测量温度呢？"引导学生思考除了温度的单位，还需要温度计；展示、介绍简易温度计，组织学生用简易温度计判断两杯水的温度高低，并思考判断温度高低的依据；借助多媒体展示弹簧测力计的图片，引导学生讨论、思考改进简易温度计的刻度，借助多媒体展示动态定标过程；引导学生自主学习课本 P30 摄尔西斯和摄氏温标定标的规定。

学生：听讲、思考并进行合作实验，讨论设计改进简易温度计的 0℃和 100℃的刻度线及 1℃的表示，并自主阅读课本，了解物理学史（实验器材改进的方案讨论很热烈；用自制温度计"测量"热水温度，学生为玻璃管液面上升可能溢出感到担心）。

【意图】提高学生"独合结合"提出改进实验温度计设想、尝试制作和开展实测解决问题的实验能力，提升探究性实验素养。

（四）测量水温

教师：借助多媒体展示温度计的图片，引导学生自主观察并说出温度计的结构、量程和最小分度值；鼓励学生到讲台处演示温度计的使用，引导台下学生评价操作的规范性；引导学生估计冷水、温水和热水的温度，然后组织学生小组合作实验，测量三者的温度；引导学生自主总结温度计的正确使用方法。

学生：观察、听讲、并思考；学生上台演示温度计的使用，其他学生观察、辨析并进行评价；参与小组合作实验、记录、对比评价自己的估测；参与温度计正确使用方法的归纳。

【意图】学生学会使用温度计测量和比较温度，促进形成规范测量的科学意识和实事求是的科学态度，提升测量性实验素养。

（五）课堂小结

教师：引导学生交流本节课所学的内容、实验方法和参与学习的收获；布置课后作业，借给学生每人一支实验室常用温度计，比较它和体温计的差别，并进行自主测量，记录实验结果。

学生：听讲、观察并交流分享，小结学习内容；课后根据要求，自主完成两种温度计的比较和测量。

【意图】锻炼学生梳理所学、进行归纳和学生交流分享能力；培养自主及时进行复习、完成作业和提高质量的良好行为习惯，巩固三种实验方法。

四、意义揭示

整个教学实践取得了较好的教学效果。课前的活动有趣有效，学生通过家庭小实验产生了认知冲突，产生探究的欲望，感悟温度测量的重要性，锻炼了学生自主完成观察性实验的基本素养。课堂导入环节，对课前活动卡进行了明确的反馈，培养了良好的及时、保质完成自主预习单学习任务的习惯。课堂新课环节，通过自主学习课本上温度阶梯，增进结合课本知识进行自主学习的意识；在重难点温标的定标过程中，师生讨论的课堂生成非常精彩，通过改进温度计的过程中，提高学生提出设想、尝试制作和开展实测解决问题的实验能力，提升探究性实验素养；通过尝试测量水的温度，学生学会了使用温度计测量温度，促进规范测量的科学意识和实事求是的科学态度，提升测量性实验素养。课堂小结环节，锻炼了学生梳理所学、进行归纳和学生交流分享的能力。课后,学生自主了解其他温度计,并尝试正确使用体温计,完成测量任务,提升了测量性实验的素养。取得较好教学效果的同时,也揭示了教学实践的三点意义:

(一) 符合中国学生发展核心素养精神

《中国学生发展核心素养》以科学性、时代性和民族性为基本原则,以培养"全面发展的人"为核心,分为文化基础、自主发展、社会参与三个方面。综合表现为人文底蕴、科学精神、学会学习、健康生活、责任担当、实践创新六大素养。尤其是科学精神和实践创新两大素养集中体现了物理学科核心素养。物理核心素养包含物理观念、科学思维、科学探究、科学态度与责任。[①]

本课例中温度、温标和温度计的使用等知识的建构过程体现了物理观念素养;温标定标的过程中引导学生思考标准大气压下冰水混合物和沸水的温度一定要分别规定为0℃和100℃吗?学生在思辨的过程中体现了科学思维素养中的质疑创新;引导学生将简易温度计进行改进体现了科学探究素养中寻找证据、做出解释和交流表达的素养;而引导其他学生认真聆听发言同学的回答体现了科学态度与责任素养。

因此,本节课符合物理学科核心素养,也符合中国学生发展核心素养理论。

(二) 符合最近发展区理论

维果斯基的"最近发展区理论",认为学生的发展有两种水平:一种是学生的现有水平,即独立活动时所能达到的解决问题的水平;另一种是学生可能的发展水平,也就是通过教学所获得的潜力。两者之间的差异就是最近发展区。教学应着眼于学生的最近发展区,为学生提供带有难度的内容,调动学生的积极性,发挥其潜能,超越其最近发展区而达到下一发展阶段的水平,然后在此基础上进行下一个发展区的发展。[②]

在教学设计环节,通过学情调查了解学情的过程就是为了找到学生现有的水平,同时根据学生的学习知识、习惯和能力和课标分析、教材分析,找到学生可能

[①] 人民日报.中国学生发展核心素养[J].陕西教育(综合),2016(10):45.
[②] 徐卫华.基于最近发展区理论的高中物理实验教学[J].物理教师,2014,35(3):6—7.

的发展水平,从而确定最近发展区,从而确定教学目标,设计教学活动。在教学过程中,其中一组学生的"自制温度计"管内液面上升很快,学生在实验过程中很担心"自制温度计"的液体会溢出来,激发了学生的探究欲望,激励学生大胆猜想、提出了改进的方案;另一组同学做完实验后主动尝试将标准温度计和自制温度计放在同一杯液体中进行校准,通过随机激励,提高了敢于质疑和勇于实践的实验素养。这些课堂及相应的课堂激励同样符合最近发展区理论。

(三)符合建构主义学习理论

根据皮亚杰建构主义的观点,学生认知结构的重组或改造的过程,就是认知发展进行同化或顺应的过程。"同化是把外界元素整合于正在形成或已经形成的认知结构内,从而丰富和强化主体的认知结构体系;顺应则是改变内部结构以适应现实;平衡则是同化和顺应之间的平衡。在皮亚杰看来,儿童认知结构正是在一次又一次的同化、顺应中,在'平衡——不平衡——新的平衡'的不断循环中逐渐丰富、提高和发展。"

在课前的家庭小实验中,学生将两只手分别浸入冷水和热水中一段时间后感受两碗水的冷热,再将两只手一起浸入同一碗温水中,感受同一碗温水的冷热。学生觉得很奇怪,为什么刚才放入冷水中的手感觉温水比较热,而放入热水中的手感觉温水比较凉呢?学生产生困惑。课前活动卡中进一步引导学生思考:同一碗温水的冷热程度应该相同,为什么两只手感觉冷热程度不同呢?从而引发认知冲突,感悟科学测量的必要性。设置情景,引发思维冲突,建立新的认识,这就是建构主义学习理论中顺应的认知发展过程。在课中用温度计测水温的学生实验中,考虑到学生在科学中已经对温度计有所了解,在生活中也有接触,在学生的认知结构中,温度计的使用基本是正确的。因此,引导学生直接使用温度计测水温,不再另外讲解温度计的使用,而是在使用的过程中发现学生操作规范和不规范的情景,让学生再去辨析,从而习得温度计的正确使用方法。这种润物细无声的教学手段正是应用了建构主义学习理论中"同化"这一认知发展过程。

(撰稿者:上海市进才实验中学张贵)

第三章

具身学习：自主构建的内在属性

  本章从构建学生学习的内在属性出发，促进课堂成为学生能动、自主构建学习过程的地方。在体验式学习中，引导学生通过体验生活，获取写作灵感并以文字形式表达；在创作式学习中，学生通过三种方法的创作，以"这个世界很有趣"为主题的插画作品，增强感知身边事物的能力；在专题式学习中，引领学生对化学反应的认识从"质"到"量"过渡，为之后的学习构建理论铺垫。学生在课程中发挥主观能动性，以学习为中心构建起知识框架。

范式 3-1

体验式学习：将生活体验融入核心片段写作

【摘要】 "写作体验课"是由教师通过引导学生体验生活,使其获取写作灵感,并以文字形式表达出来的过程。通过课前、课堂、课后"三程"结合实施基于独立学习和合作学习相结合(简称"独合结合")的语文多元化的体验式学习式和其他"三式"(合作评价式、信息技术整合式和随机激励式),组织《〈我眼中的春天〉核心片段写作体验》。让学生焕发对写景作文的写作兴趣,生成描绘春景的写作内容,感受核心片段的写作过程,体验完整的写作经历,感悟写景抒情式写作规律,从而获得写作能力的提高。

一、设计依据

（一）学情分析

学生已经学习过老舍的《草原》,并且教师从作文选上找到一篇景物描写方面较为出色的范文《登长城》供学生参考,在老师的指导下,学生还自主完成过习作《我的校园》,因而对写景抒情的方法(如：调动多种感官和修辞手法对景物进行描绘)有一定的了解和写作体验。大部分同学在《我的校园》习作中,是运用记叙的表达方式,平铺直叙地记述校园的景致,兼有使用几句修辞手法描写景物;少数优秀的同学,能够选择有本校特点的景物,按照一定的顺序,调动多感官和修辞手法对景物进行描写,并能够通过对景物的描写表达自己的情感;个别同学对校园内的景致没有选择性,面面俱到地全部写进文章中,未能很好地抒发自己的情感。综上所述,大部分学生,能够选择表现描写对象特点的景物,已经了解1—2种景物描写的方法,但方法比较单一,尚不能熟练地运用到习作中;在习作中并不能很好地运用对景物的描写抒发自己的情感。在写作学习方式和习惯上,本班同学经常以小组的形式互评彼此的作文,能够就习作的问题提出一些改进的方法,有一定的独立学习和合作学习相结合的学习习惯。在语文和其他学科学习中,已习惯于师生借助信息技术组织教与学,普遍对收到激励感到高兴,能够更主动地投入独立与合作学习、体验学习。

(二) 课标分析

2011年版人民教育出版社出版(简称部编版)的《义务教育语文课程标准》(以下简称《语文课标》)中,积极倡导自主、探究、体验与合作的学习方式。在5—6年级学段对于写作方面,《语文课标》指出要养成留心观察周围事物的习惯,有意识地丰富自己的见闻,珍视个人的独特感受,积累习作素材。完成习作后,要修改自己的习作,并主动与他人交换修改,做到语句通顺行款正确,书写规范、整洁;语文课程应该注重现代化科技手段的运用,使学生在不同内容和方法的相互交叉,渗透和整合中开拓视野,提高学习效率,初步获得现代社会所需要的语文素养。

(三) 教材分析

2018年人民教育出版社出版的部编版六年级《语文》上册的教材中的第一单元,选用了两篇写景抒情类的散文——老舍的《草原》和宗璞《丁香结》,写景抒情类古代诗歌三首《宿建德江》《六月二十七日望湖楼醉书》《西江月·夜行黄沙道中》。与之前的沪教版中朱自清的《春》等课文比较,部编教材中所涉及的写景抒情的方法,主要集中在调动多种感官和修辞手法两种,比较单一。为丰富文本中的写景学习资源,更好地组织"独合结合"地来寻找、摄录、阅读、分析、梳理和写景(由句到段)、交流、评价、完善写景文段等多元赏析与写景抒情体验,教师自编了本课的教材——即学生"三程"学习单,内容包括学生"独合结合"的课前、课堂与课后所用的"三程"学习单与相关打卡表、评价表等,配合课堂上其他"三式"——合作评价式、信息技术整合式和随机激励式的有机运用,旨在提高学生平时注意增进观察意识，加强多元写景实践，提高写景抒情的能力（三个步骤六种方法——简称"三步六法"），培养独立学习的能力和合作互助互学的精神。

二、教学目标

1. 学生了解写景抒情的方法，能通过对日常生活细致的观察和生活经验，选取能够体现描写对象特点的景物；大部分学生能初步掌握写景抒情的方法（先观察抓住景物特征，动用多种感官进行描写，写作时可用上比喻、拟人等修辞手法，描写时能兼顾情感表达）；学生具有评价能力，具有能提出建议的能力，具备较好的自我修改写景抒情作文能力。

2. 经历课前、课堂和课后"三程"结合，实施"独合结合"的语文多元体验式（10次直接或间接体验）和其他"三式"（合作评价式、信息技术整合式、随机激励式），学习写景抒情的三步六法（三步：抓特征、巧表现、传真情；六法：多种视角细观察、多种感官齐感受、巧用修辞拟形态、虚实动静相结合、比较之中展个性、作者感受融其间），大多数能够理解和程度不一地掌握4—6种景物描写的方法；强化学生自主阅读、判断、梳理、归纳、提炼信息和多元表达小结的能力和合作写作实践、作文互评价和自主修改完善作文的能力。

3. 促进留心观察周围事物习惯的养成，有意识地丰富自己的见闻，珍视个人的独特感受，积累习作素材和注意"独合结合"实施多元体验尝试写景作文实践、分享、评价与自主完善；提升合作精神，探究意识，培养"独合结合"的学习的良好行为习惯。

三、实践过程

本课以课前、课堂、课后"三程"结合实施基于独立学习和合作学习相结合的（简称"独合结合"）语文多元化的体验式学习式和其他"三式"（合作评价式、信息技术整合式和随机激励式），组织《〈我眼中的春天〉》核心片段写作体验》。课前，布置学生自主去公园、校园、小区等地点我眼中的春天，拍摄照片；课始，多媒体播放歌曲，初步引发学生描写春景的兴趣；阅读交流学习教师包含"三步六法"的写景抒情方法的两段下水作文,组织学生合作总结写景抒情的方法;小组合作完成《我眼中的春天》核心片段的景物描写写作体验;课后,以六人小组为单位,合作评价小组成员的《我眼中的春天》核心片段的作文,并提出修改意见——让学生认识到写作离不开对生活细致的观察,了解景物描写的特点和方法,开展"独合结合"写景抒情实践、交流与评价体验,提高学生景物描写的能力,能够运用多种景物描写等方法完成习作的核心片段写作,培养独立学习能力和合作探究的精神。

（一）欣赏曲词，唤醒体验

教师多媒体播放中央台电视节目《经典咏流传》中的歌曲《行香子·树绕村庄》;出示课件:宋词《行香子·树绕村庄》,要求学生边听歌、边浏览诗词,并注意感受春意。学生自主听、观、思、忆,内化春意,初步引发描写春景的兴趣。

（二）猜想观察，抓住特征

教师多媒体出示学生描写白玉兰习作片段课件,隐去花名,引导学生猜想。学生自主阅读习作,思考花名,并回答问题。教师倾听学生发言,适当激励与引导。明确这篇习作描写的是白玉兰。因为没有抓住景物的特征进行描写,所以学生们猜想的花名五花八门。

随后,教师出示白玉兰的照片,组织学生小组合作观察、交流白玉兰有哪些特点,并口头造句。学生们通过这个环节感受到,景物描写需要仔细观察、抓住特点。

（三）阅读例文，归纳方法

教师多媒体出示教师从远近角度描写白玉兰的下水作文片段课件,要求学生同时进行自主观察、齐读和圈划。让学生思考例文中作者如何描绘白玉兰的,表达了作者怎样的情感,并尝试用自己喜欢的方式(如:思维导图、条目式、表格式等)记录下来。教师倾听学生回答,适当激励后明确引导:该段文字中,描写了昨夜白玉兰身姿挺拔地为行人照明;从远看和近观的不同视角描绘今晨轰轰烈烈地绽放的情态,写出了白玉兰全开后多而密、外形如杯的特点。同时赞扬了白玉兰奋发向上的精神。

随后教师出示运用修辞手法描写白玉兰的下水作文片段课件,要求个别学生朗读片段,并思考:例文中作者是如何描写白玉兰的?表达了作者怎样的情感?与上文有何不同?引导学生明确:该段文字中,将白玉兰比喻成江南女子,正在为自己短暂的生命垂泪,表达了作者对白玉兰花期短暂的怜爱之情。

教师运用顺口溜的形式借助白玉兰简笔画板书,概括并展示写景抒情的三步:抓特征、巧表现、传真情。"巧表现"六法:多种视角细观察、多种感官齐感受、巧用修辞拟形态、虚实动静相结合、比较之中展个性、作者感受融其间。要求学生朗读并按照老师的概括,修改自己对写景抒情方法的概括。

(四)写段实践,小组评价

教师从课前学生的摄影作品中挑选出"垂柳""油菜花""春草"的照片,要求小组成员独立运用所学的写景抒情方法写段。学生们观察照片,回忆学过的写景抒情的方法,尝试独立完成写段。教室寻走,个别指导。适时激励与引导。写段完成后,教师运用多媒体展示1—2位个人的写景段落,要求小组内学生点评;适时激励与引导。

(五)课后互评,修改习作

学生们在下次课前小组合作展开互评,并对同伴的作文中存在的问题提出修改意见;根据修改意见自主修改完善作文。下次课上教师借助实物投影仪组织反馈和随机激励、引导。

四、意义揭示

通过实践与反思,本课取得了很好的课堂教学效果。主要原因有三:

(一)彰显了多元体验式的价值

首先,直接体验刺激写作欲望。在课前,学生们走入大自然,用摄录的方式拍下自己眼中的春天。在一张张照片,一段段视频的背后是一次次独特的个体情感体验。这种直接体验的方式激发了学生的观察兴趣,积累了生活体验,提高了审美能力。

其次,间接阅读体验丰富写作内涵。在课中,展示学生的习作,隐去花名,在猜谜中提升学生的学习热情,使学生能更好的接受新知:描写时必须抓住对象的特征;阅读教师的下水作文,是学生和教师思想交流和碰撞的过程,在阅读体验中通过文字的描述,置身于不同的时间空间——月白风清的夜、白露微凝的晨,感受不同的喜怒哀乐——对奋发向上的赞美、对青春易逝的哀怜。冲破了学生的个人局限,提升了自我认知层次。

再次,引导学生表达体验。体验是瞬间的,易逝的,经常会收到生活中不确定因素和情绪的影响,把瞬间易逝的体验记录下来就显得尤为重要。记录体验的表达方式很多,本课利用填写课前拍摄(录)周边春景记录卡的形式,记录寻春体验活动所引发的联想和想象。这是学生从体验活动中获得的成果也是他们个性化的表达。教师给予充分的肯定和赞赏,引导学生由"意"向"文"的转化,从而促进写作能力的提升。

(二)彰显了多元体验式、合作评价式、信息技术整合式和随机激励式相结合学习的价值

本课"独合结合"实施语文多元体验等"四式",围绕着"运用景物描写的方法完成片段写作"这个主题,借助多媒体播放《行香子》词曲,优美的音乐唤醒了学生课前拍摄春天的自我体验,激发了学习兴趣;根据学生描写的文字,猜想花名,在互评中获取新知,增加趣味;多媒体设置不同的情境,展示教师范文,用自己熟悉的方式归纳总结,让学生在直接与间接体验中掌握景物描写的"三步六法",发挥自主体验式学习的价值;学生的课堂讨论与互评,教师的随机鼓励和引导,提升了合作精神及探究意识,培养了"独合结合"的良好学习习惯,激发了写作热情。

(三)符合人本主义和建构主义学习理论

人本主义学习理论认为:"必须尊重学习者;必须把学习者视为学习活动的主体;必须重视学习者的意愿、情感、需要和价值观。"在课堂中学生通过自主阅读、比较和探讨教师下水作文,归纳总结写景抒情的方法,并尝试多元表达,提升相应的能力。在写作实践的过程中,教师充分发挥了学生的主体地位,组织学生自主

写段;课后小组合作评价,把学生作为学习活动的主人,在学生心理需求的基础上进行相关的教学活动。

建构主义学习理论认为"学习时学习者通过原有的认知结构,与从情境中接受的感觉信息互相作用来生成信息的意义和过程;学习者以自己的方式建构对事物的理解,从而不同人看到的事物的不同方面,每个人都以自己的方式理解到事物的某些方面,不存在唯一的标准。"本次体验式学习过程中,教师重视情境的创设,在课前组织学生自主拍摄春天景物的照片或短视频,并在实践写作阶段提供所拍摄的照片,唤醒当时学生感受春天景色的回忆,帮助学生完成片段写作;在课堂伊始,播放描绘乡村春景的歌曲,初步激发学生对春天的喜爱之情,为后续的写作实践打下基础。

(撰稿者:上海市进才实验中学徐韵)

创作式学习：在插画中感受生活趣味

【摘要】大多数人存在缺乏想象力、创造力，不会原创的问题。学生在美术学习中经常临摹，因其相比自己创作的难度要低很多，长此以往"照着画"的结果就是导致学生只会临摹，无法原创，作品缺乏想象力，这对于绘画来说是十分致命的。因此，本课学生通过运用改变大小、象形联想、事物转换的三种方法创作以"这个世界很有趣"为主题的插画作品，增强学生感知身边事物的能力，提高自身的想象力和审美力。

插画在绘画中是一种独特的表现形式，其创造性很强，需要丰富的想象力和较强的造型能力。插画创作式学习是学生通过欣赏大量优秀的插画作品，学会创作插画的三种方法，引导学生学会观察、感知身边的事物，再通过自己的想象创作作品。

一、设计依据

（一）教材分析

本课是执教者自编的拓展学习内容，源于上海教育出版社的《艺术》八年级第一学期教材中第二单元的创造现代生活《漫画与生活》中提到的插图（中国人俗称插图）。根据教材上漫画与补充生活中的漫画用于教学，教材中提到：漫画是贴近生活的，那么插画亦是如此。艺术家从生活中吸取灵感，从而创作出许多有意思的插画作品。教材中提到了角色设计,角色设计是整幅插画作品中的一个部分,插画设计还包括场景设计、光源色调、线条材质、造型设计、构图技巧、工具运用等方面。因此,本课的难度超过了教材的要求,并且完全符合教材中所提到的创作要有独特构思,表达出自己的创意与故事。本课就是围绕着如何创作一幅有趣的插画作品,如何去构思、以创作作品为中心,教会学生运用改变大小、象形联想和事物转换的三个方法去增强作品的画面表现力,更好地表达出自己的创意。

(二)学情分析

初二年级的学生已普遍有基本的美术造型能力,少数学生有较强的美术造型能力;但一些美术技能强的学生却缺少想象力,另一些富有想象力的学生则缺少美术创作技巧。因此,教师拟定了"独合结合"实施插画创作式,培养学生插画创作素养探索的研究主题,加深全体学生在创作美术作品时注重观察、合理想象的体验,普遍激发学生对于插画的学习兴趣;增强大多数学生的想象力,运用改变大小、象形联想、事物转换的三种方法创作一幅插画作品。

(三)插画独特价值分析

插画,是一种独特的艺术形式。插画设计为各种艺术、文学、商业等领域所进行的图形设计与创作,插画设计在现代设计中占有独特的地位,已广泛用于文化活动、社会公共事业、商业活动、影视文化等方面,主要集中在文学插图与广告插画、包装等领域。插画的表现形式非常丰富,风格迥异,创造性很强,具有极强的欣赏价值。

美术教材中提到,漫画(插画)可以使枯燥的内容生动起来。并且教材上的课题就叫漫画与生活。也就是说,我们通过生活的感悟,观察这个世界上所发生的点点滴滴,然后用插画的形式表现出来,使事物变得有趣、生活变得更丰富、世界变得更神奇。

二、教学目标

1. 学生能够完成一幅"这个世界很有趣"为题的插画草图;大部分学生能够运

用改变大小、象形联想、事物转换的三种构思方法创作插画作品；对于具有熟练绘画技能的学生能在画面中运用了合适的元素，有疏密、大小、前后关系，画面趣味性强。

2. 经历自主联想式、合作创编故事式、自主观察式、自主欣赏→归纳式和课内外"独合结合"进行插画创作式体验，构思完善构图、添加细节、上色，最后展示赏析插画作品。

3. 能意识到生活对创作美术作品的意义，增进对创作插画作品的兴趣；提升对"独合结合"实施多元化美术体验式学习和进行插画创作的兴趣。

三、实践过程

本课通过创作一张以"这个世界很有趣"为主题的插画作品，开展"独合结合"插画创作式学习——课前欣赏上学期《我的灵感哪里来》的优秀学生作品，增强学生的创作自信、锻炼学生的发散性思维。课中学生欣赏有趣的插画作品，了解可以运用改变大小、象形联想、事物转换的三种构思方法创作插画作品；通过小组讨论分享自己所编故事的体验，开阔思路，增强想象力；通过自主观察教师示范，了解、体悟怎样构思画面，最终创作一幅有趣的插画作品。

（一）反馈课前引导自主赏析学生优秀作品和开展尝试联想体验，唤起联想、添减元素、转换空间表达方法的记忆，锻炼发散思维能力，增进创作自信心

环节一：组织自主欣赏《我的灵感哪里来》学生优秀作品和看图形进行联想。

教师：欣赏上学期插画作品，对质量高的学生作品进行口头表扬；一起回忆《我的灵感哪里来》优秀学生作品中用到表达技法的三种方法并板书：联想、添减元素、转换空间。

学生：独立观、听、思；根据课前自主观察、欣赏的上学期《我的灵感哪里来》优秀学生作品，回忆之前所学的技法。

环节二：组织自主进行思考与联想。

教师：出示问题，要求学生尽可能按要求写出喜欢的动物、食物，并进行联想："○"你想到了什么？"□"你想到了什么？"△"你想到了什么？

学生：自主回答问题，写在纸上。

环节三：组织自主对比欣赏照片与插画的区别。

教师：借助多媒体，出示街道照片和街道插画作品，播放《时间旅行社》的音乐；提问学生你联想到了什么，有没有故事？引导学生注意体会"日常平凡的事物也可以变得有趣"。

学生：自主观察、对比街道照片和插画，聆听有趣的音乐；根据画面和音乐，参与编故事，并与大家分享：学生从圆形想到了苹果标志、星球、神奇宝贝球、太阳花、吃豆人等有趣的元素。内化日常平凡的事物，也可以变成有趣的感受。

【意图】锻炼独立欣赏美术作品能力；唤起联想、添减元素、转换空间等美术表达方法记忆，锻炼发散性思维；增进创作成功自信；增进"日常平凡的事物也可以变得有趣"的感受。

（二）引导自主想象体验教师所描述的画面和自主赏析艺术家优秀的插画作品，锻炼自主赏析能力、想象力、发散思维力和概括能力

环节一：组织自主想象描述的画面。

教师：要求学生闭眼，想象以下画面：会骑自行车的咖啡、假如奥特曼是只兔子、如果鳄鱼的牙齿是兔子做的

学生：按要求闭眼和自主进行画面想象。

环节二：组织自主欣赏有趣的插画作品。

教师：借助多媒体，出示刚刚所说画面的插画作品。提问：用什么方法可以让画面变得有趣？根据学生的回答，进行语言或姿势激励；根据前面板书，集体强化三种方法。

学生：自主观察、欣赏插画作品。自主思考用什么方法。

【意图】锻炼学生自主审美能力、想象力、发散思维力和梳理、归纳插画画面表现"三法"的能力。

（三）引导自主赏析艺术家优秀的插画作品，自主思考创作插画的方法，锻炼自主审美力和"独合结合"的梳理、归纳能力

环节一：组织自主欣赏插画作品。

教师：借助多媒体，出示两幅有趣的插画作品，提问怎样使作品变得有趣。

注意观察学生的回答情况，随机进行激励与引导。总结使画面变得有趣的"三法"：象形联想、改变大小、事物转换。

学生：自主观察，思考怎样画才能让画面变得有趣；参与回答所用方法；观、记、内化三种方法。

环节二：引导自主思考创作插画的方法，自主阐述自己的想法。

教师：借助多媒体，出示插画图片，提问：其运用了哪些方法——讨论后进行归纳。

学生：观、思，参与合作总结"三法"。

环节三：组织小组合作讨论交流自己的想法和创编故事。

教师：组织学生小组讨论，要求选取两种及以上刚刚写下的元素，运用改变大小、象形联想、事物转换的方法组成一幅有趣的画面，并画在纸上，在组内进行分享。

学生：合作小组讨论、回忆、思考可用元素和方法，尝试自主画画——组内分享自己的画面与故事。学生想出了小人在抓娃娃机，而娃娃机里都是脑子的有趣画画；还有喝的饮料里全部是星球，背景是宇宙的画面。

【意图】锻炼学生自主审美能力和"独合结合"梳理、归纳插画创作表现方法能力；培养学生的想象力，相互交流想法能力和插画创作力；增进同学之间协作的精神。

（四）引导自主观察、思考教师怎样选取元素去表现作品，内化元素选择和合理构图的方法

环节一：组织自主观看教师喜爱的事物。

教师：借助多媒体，出示刚刚的问题，显示教师自己的答案。

学生：观看教师答案和示范，思考应该如何选择元素和合理地进行构图。

环节二：组织自主观察教师如何选取元素进行创作。

教师：选出适当的元素在黑板上进行示范——强调要插画构图要把握好事物的大小、疏密、前后三方面的关系（"三关系"）。

学生：注意观察，内化构图方法。

环节三：组织自主思考如何构图创作。

教师：出示教师作品，展示画面最终效果。

学生：欣赏作品。

【意图】使学生了解插画创作过程、注意构图方法，锻炼自主欣赏能力，内化元素选择和合理构图的方法（把握好"三关系"）。

（五）"独合结合"尝试插画创作构思、构图练习和进行赏析讨论，锻炼元素选择、构思"三法"和构图"四法"，锻炼学生的插画创作力

环节一：组织自主了解作业要求和进行插画创作。

教师：借助多媒体，出示作业要求：选取喜欢的事物，运用改变大小、象形联想、事物转换的方法，独立创作一幅有趣的插画作品。

学生：自主观、忆、思，按要求进行插画创作的构思、构图设想。

环节二：组织讨论、欣赏插画作品，内化插画创作的元素选择、构思"三法"和构图"四法"。

教师：借助多媒体，出示几张所选有代表性的插画作品，组织赏析讨论——提醒学生思考如何构图的四种方法：三分线构图、三角形构图、圆形构图、发射构图。

学生：自主观察；参与合作赏析、讨论构图方法；听取介绍，内化方法。

【意图】锻炼学生自主观、忆、思，按要求进行插画创作构思、构图设想能力；锻炼合作讨论赏析能力；内化插画创作的元素选择、构思"三法"和构图"四法"。

（六）组织自主创作插画，"独合结合"体验感受创作插画的过程，增强构图能力、元素的合理运用能力、丰富创造力和想象力

教师：组织自主创作插画，随机借助多媒体，放映优秀的插画作品。个别指导学生，有问题及时解答。对于优秀作品及时激励，对于学生出现的问题及时提醒，引导加以改进。

学生：自主思考用哪些元素，如何构思与构图，用铅笔打草稿。相关学生听取教师指导，化解问题。听取随机激励与引导——对问题自主用橡皮修正草图，用铅笔深化细节。

【意图】使学生巩固创作插画构思、增强画面表现力的"三法"和构图"四法"

和对元素合理运用的能力、丰富创造力和想象力；感受插画艺术的独特魅力。

（七）"独合结合"展示、赏析学生初步的插画作品，尝试小结，锻炼学生分析作品的能力和内化插画创作方法

教师：组织学生借助多媒体展示作品，分享自己的想法；注意观察、倾听；并做随机激励与引导。引导学生合作小结所学的体验、体会；注意倾听；并适时进行激励与引导。

学生：自主展示自己的作品，分享自己的想法；听取激励与引导，内化。听、思，参与"独合结合"交流所学习内容和感悟——如：意识到生活中的所有事物都是非常有趣的；平时要加强观察、思考，注意用插画等美术形式，尝试加以表现表达。

【意图】锻炼学生"独合结合"展示、赏析插画作品、进行归纳小结的能力，内化插画的创作方法和体会；进一步感受插画的艺术魅力，增强学生对绘画的学习兴趣。

四、意义揭示

通过多次实践取得了良好的课堂教学效果，主要有以下几点原因：

（一）彰显了独立学习，促进学生自主观察、自主欣赏体验学习的价值

通过教师描述"会骑自行车的咖啡""假如奥特曼是只兔子""如果鳄鱼的牙齿是兔子做的"三个场景，学生闭眼自主联想、想象画面，激发学生的想象力及创作欲；通过优秀插画作品的欣赏，学生自主思考，归纳出改变事物大小、象形联想以及对事物转换三种创作插画的方法，识别三种方法分别在插画中的运用形式，培养学生自主思考的良好行为习惯及观察能力。学生主动自主欣赏、分析作品，锻炼了学生的归纳能力，提升了学生的审美素养。

（二）彰显了合作学习，促进学生小组合作、创编故事体验学习的价值

通过教师提问：如喜爱的食物、动物，学生写下自己喜爱的事物，再将这些喜爱的事物通过小组合作的形式编成故事与同学分享。合作学习的形式帮助了缺乏想象力的学生,其他同学帮助其一起思考、想象,在和其他同学分享自己的故事时,能激发出自己的灵感,想出自己的故事,在合作讨论中更清楚地明白自己到底要画什么。最后,学生学会了画画前要先考虑画面的情节、人物、环境和编故事的方法,学会元素的联想,从而为今后创作绘画打下了基础,激发学生对美术的学习兴趣。

(三)彰显了"独合结合"学习,在培养学生插画创造性表现、表达方面的独特价值

一是更好地进行观摩的价值——学生自主欣赏大量优秀的插画作品,开拓了他们的思维广度,增强了学生的想象力,为后面的作业环节做铺垫。

二是更好地进行合作创编表现表达的价值——学生合作创编故事,使他们了解如何构思,知晓画面中要画哪些元素,这些画面中的事物都是原创的,具有强烈的表现力和独特的个性;学生自主思考用什么方法能让画面变得有趣,自主或合作归纳出改变大小、象形联想和事物转换的方法让学生更好得去下笔实践;最终师生共同赏析学生作品,学生表达自己的想法,能激励学生,增强了学生的绘画自信心和成就感。

三是增进了更好地关注日常身边生活现象加以表现表达的价值——学生从自主欣赏到合作创编故事(构思)再到自主创作,最后再合作赏析作品,这样一个"独合结合"逐渐递进的过程,能够让学生在平时生活中注意观察身边的事物,提高对绘画作品的审美力,增进对创作插画的兴趣,增强自身的创造力与想象力。实践证明,"独合结合"的多元化体验式等"三式"学习方式培养了学生插画创作的素养,能够让每个学生的作品不尽相同,非常有趣。

(撰稿者:上海市进才实验中学周佳云)

范式 3-3

专题式学习：以专题学习提高复习实效

【摘要】专题复习是初三教学的重要内容，本文旨在通过"质量守恒定律"专题复习的教学设计来阐述独立与合作学习在专题复习中对提高教学有效性的作用。文章从专题的教学设计入手、结合教学最优化理论，以课前、课堂与课后学习单——即"三程·三单"为载体，优化初三化学专题复习并进行了初步的探讨，总结了这种教学设计的五个独特价值：深刻性、巩固性、提高性、方法性、针对性。

质量守恒定律是初中化学一个非常重要的定律，是分析物质在化学反应中质量关系的理论依据。学生通过学习分子、原子的初步知识、元素符号、化学式，对化学反应中物质发生了质的变化已经有了一定的认识，本节课将引领学生对化学反应的认识从"质"到"量"过渡，也为之后化学方程式的书写和计算教学构建理论铺垫。它能从宏观与微观相结合的视角分析与解决问题，从而渗透了化学学科核心素养——宏观辨识与微观探析。[①]

一、设计依据

（一）学情分析

学生在九年级上学期，已完整学习了质量守恒定律，对守恒的概念已有初步

[①] 杨飞.《质量守恒定律——专题复习》微课程设计[J]. 中国信息技术教育，2018(Z1)：168—171.

的认识，但当时对质量守恒只是从化学反应的整体认识化学变化，容易理解。若根据元素守恒解决问题，则很多学生还难以把握。这既与学生对物质的性质、提纯，或者结合生活实际解决问题能力不足有关，也与一个学期结束后与原有认知、认识遗忘有关。因此，需要通过专题复习，来弥补学生的上述不足，提升学生对本专题内容的系统回顾、梳理、概括和实际解释、运用能力，增进质量守恒观。

此前，学生经历过"独合结合"式、情境式、信息技术式、随机激励式等学习过程，有一定的经验与实效，对这样学习比较欢迎；但对于在"三程·三单"的引导下，以"独合结合"为主，结合其他"三式"的运用，进行化学专题复习的经历还缺少，开展这样专题复习的学习素养，还有待提高。

因此，本节课拟基于"独合结合"式，在课前、课堂与课后学习单——即"三程·三单"的引导下，结合有机实施情境式、信息技术整合式和随机激励式，来组织学生开展"质量守恒定律专题复习"，以提高专题复习实效。

（二）课标分析

2006 年上海教育出版社的《上海市中学化学课程标准》提出，为了使学生更好地适应 21 世纪科学技术和社会可持续发展的需要，要求学生"形成化学基本观念"。在课标的理念中，倡导化学学习要联系学生生活，注意改变教与学的方式，实施自主、合作、探究、体验式学习，倡导情境式、问题式等教学；注意提升学生的实验素养和信息梳理、概括等能力。

所以本课拟借助"独合结合"和"三程·三单"等合计"五式"，来探索提高初三化学专题复习实效，并增进化学初三专题复习"三素养"——"独合结合"和"三程·三单"等合计"五式"引导下的专题复习意识，锻炼多元方式方法梳理和归纳专题复习内容与方法，促进良好复习习惯养成——最终逐渐加深理解并学会质量守恒的观念，是符合课标的上述要求与精神的。

（三）教材分析

本课复习内容，是执教者基于上教社的上海市九年义务教育课本九年级（上）《化学变化中的质量守恒》单元(3 个课时)中的第二课时质量守恒定律内容为主和第三课时的化学方程式内容，其重点是质量守恒定律的概念及其微观的解释；难点是利用质量守恒定律解决实际问题。由此,结合上述学情分析的实际,由执教者整合而成——具体形式为学生的学材,即"《质量守恒定律专题复习》课前预习、课堂复习、课后作业单"。

课前预习单的内容主要包括:教材中本单元相关重点概念;质量守恒定律的简单应用。

课堂复习单的内容主要包括:预习反馈、梳理质量守恒定律的理论依据;多元化练习,包括:唤起、巩固性练习;1道例题和1道拓展型练习题、1道拓展型小组合作完成的拓展题;复习内容、自主与合作相结合的小结;全课小结。

课后作业单的内容主要包括:自主复习课上所学(含预习反馈);完成作业单(试卷形式——具体参见相应附件)的任务。

"三程·三单"复习中,都有相关独立学习与合作学习的安排(具体参见课题研究内容之实施形式之独合结合式、实践过程和"三程"学习单)。

对于上述"三程·三单"的教材(学材)复习内容安排的实施,还需要采取"独合结合"式、情境式、信息技术整合实施式、随机激励式(以下简称"五式"),来保证上述内容的落实——以此提高初三化学专题复习实效和初三专题复习"三素养",加深理解质量守恒观。

二、教学目标

(一)知识与技能

能"独合结合"完成"三程·三单"学习任务,锻炼独自预习中的梳理、归纳单元专题复习之内容、方法、重点概念与规律能力;课堂教学中的"独合结合"进行梳理、讨论、交流、听讲、分析、比较、概括、多元练习等能力,加深元素质量守恒的思想观念——能用它解释一些简单现象,认识定量研究对于化学科学发展的重大作用,会应用质量守恒定律推断物质的化学式及其质量守恒定律在化学实验中的应用。

(二)过程与方法

课前:经历在课前预习单引导下自主完成预习,锻炼自主梳理、归纳单元专题复习之预习能力。

课中：经历"独合结合"等"五式"有机进行课前独自预习情况反馈、复习质量守恒概念→总结质量守恒的宏观和微观的理论依据→依据元素的质量守恒律解决化学实际问题的学习过程，锻炼相应"独合结合"进行梳理、讨论、交流、听讲、分析、比较、概括、多元练习等能力，加深元素质量守恒的思想观念；体悟提高初三专题复习有效性方式方法——"独合结合"式、借助"三程·三单"等五式、借助信息技术式等方式；加强独立预习法、听讲法、参与讨论法、比较分析法、自主笔记法、"独合结合"梳理概括法、解决实际问题法、及时总结法。

课后：经历及时自主先复习、再完成自主作业单各项任务过程，巩固专题复习课堂内容，加深对定律的理解，提高运用守恒思想解决"独合结合"实际的能力。

（三）情感、态度与价值观

感受化学物质(素养)守恒思想观念在解决实际问题中的价值；增进对"独合结合"实施五式，运用"三程·三单"实施多元学习的实效性和方法的价值性体验；提升初三化学复习的兴趣。

三、实践过程

本节课的主要教学内容是氧气的用途、物理性质和化学性质三部分。前两部分的内容比较简单，学生根据自己的生活经验或者阅读教材就可以了解，而氧气的化学性质内容不难，根据教材安排的演示实验就能得出氧气对应的性质，但是要使学生从中感受氧气的助燃性并关注实验的细节就需要教师重点引导和分析。四个教材演示实验分别是：一是带火星的木条在氧气中复燃；二是木炭在空气、氧气中燃烧；三是硫在空气、氧气中燃烧；四是铁丝在氧气中燃烧。其中实验一和二的安全性、成功率都比较高，而实验三的实验现象不太明显并且有有毒气体产生，实验四中有很多关系到实验是否能成功的因素，一旦有一个细节没有做到位，就容易导致实验失败，但是如果成功，现象将会震撼到学生。介于以上的分析，教师对四个实验进行优化、调整，力求达到最好的教学效果。

课前安排好各个小组,要求课中分小组合作完成实验,明确每一位同学的职责,有实验操作员、记录员、本组主要发言员和小组长,其中小组长的主要职责是管理本组组员不开小差、记录实验时间,提醒同学快速完成老师的各种指令。这样使学生在实验操作时有时间观念,提高效率。具体实践过程如下:

(一)组织合作反馈预习情况,培养良好的预习习惯和锻炼自主梳理、归纳以及单元专题复习的能力

教师:多媒体呈现,对《质量守恒专题复习课前学习单》学生自主预习情况进行课堂反馈。随机表扬自主预习有进步、速度快、质量高、有创意的学生。

学生:自主听、观、比、思、内化。

【意图】培养学生根据课前专题学习单进行系统梳理、归纳能力,培养良好的预习习惯。

(二)引导"独合结合"回顾质量守恒定律概念、分析概念——加强对质量守恒定律概念的理解

教师:要求学生依据课前学习单,参与现场交流,总结归纳质量守恒定律的关键词语。注意倾听、随机表扬对质量守恒定律内容掌握得好的学生。

学生:听、思、参与答、内化。复述质量守恒定律的内容、回顾概念中核心词的含义、听取激励与引导,内化。

【意图】加深学生对质量守恒定律概念的记忆,促进理解概念本质;增进自主完成作业、提高质量的兴趣。

(三)引导"独合结合"归纳质量守恒定律的理论依据——提升运用质量守恒定律的能力

教师:提问课前学习单中4、5依据的是什么内容,引导学生合作总结质量守恒定律的微观和宏观的理论依据。倾听学生讨论、总结情况;注意随机激励与引导。

学生:听、思、忆;参与讨论、回答。听取激励与引导,内化。

【意图】锻炼"独合结合"归纳质量守恒定律的宏观和微观的理论依据,提升

学生运用质量守恒定律合作讨论和概括的能力。培养良好的课堂参与习惯,保持复习兴趣。

(四)组织合作实验探究的方法获得氧气的化学性质,锻炼实验方法探究能力,增进合作实验探究兴趣

教师:对例题含钙元素物质的转化过程进行分析,帮助学生理解元素守恒,随时激励学生的想法和解决问题的方法,借助多媒体呈现结果,并请学生说明、注意、倾听,做随机激励和引导。

学生:观察、独立思考;参与小组讨论、交流反思、回答。

【意图】进一步提高运用质量守恒定律解决问题的能力;

教师:引导学生完成课堂学习单,并用多媒体呈现结果,并请一位小组代表讲解分析、请其余的学生参与交流——做随机引导和激励。

质量守恒定律专题复习课堂学习单:

1. 某同学进行了煅烧石灰石的实验,过程如下(假设杂质不发生变化,酒精喷灯中的燃料是酒精 C_2H_5OH),相关说法正确的是( )

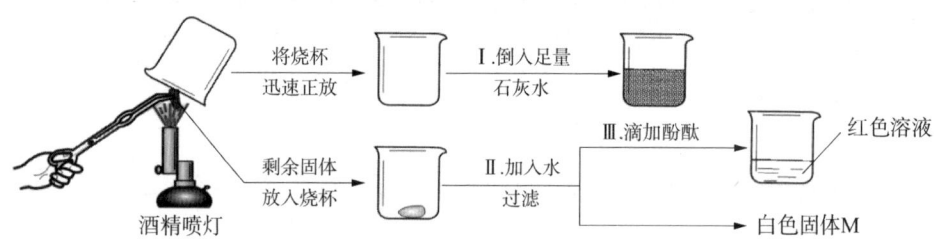

A. 步骤Ⅱ、Ⅲ可证明煅烧石灰石的产物中有氧化钙

B. 白色固体 M 是氢氧化钙和碳酸钙的混合物

C. 白色固体 M 中钙元素的质量等于煅烧前石灰石中钙元素的质量

2. 实验室有 100 g 废液,其中含有硫酸铜、硫酸亚铁、硫酸锌。现对废液进行处理,得到铜和硫酸锌溶液,实验流程如下图所示。(相对原子质量:Cu—64,S—32,O—16)

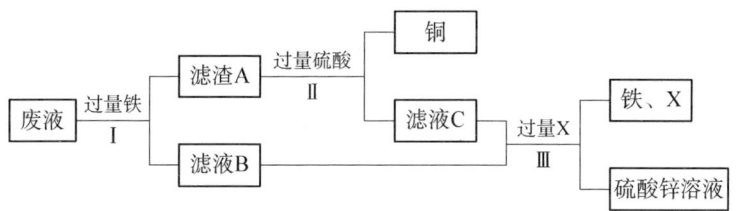

① 滤渣 A 的成分是_____

② 滤液 B 中的溶质是_____

③ 滤液 C 中的溶质是_____

④ 实验结束后,生成 0.1 mol 铜,请计算原废液中硫酸铜的溶质质量分数。

3. 对放置一段时间后的生石灰样品进行实验。

① 取少量样品放入水中,有较多热量放出,滴加酚酞后呈色。

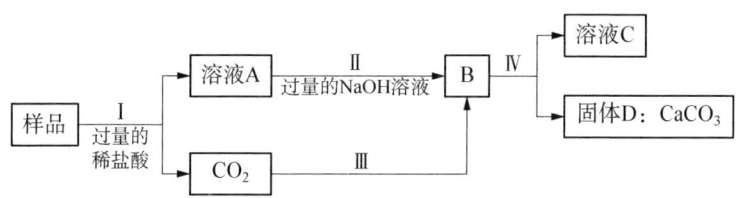

② 另取少量样品,进行实验:

溶液 A 中溶质的成分;_____

溶液 B 中溶质的成分;_____

Ⅲ是将 CO_2 通入 B 中,写出 B 中发生反应的化学方程式;_____

Ⅳ的操作名称是_____;C 中一定含有的溶质是;_____

③ 由上述实验能确定原样品中含有的物质是;_____

学生:听、阅、思、忆——独自思考、小组合作讨论、小组代表讲解分析、参与交流,完成课堂学习单的任务;听取随机激励和引导、参与交流、内化。

【意图】培养良好的课堂参学习惯和保持复习兴趣。

(五)引导"独合结合"从化学变化的角度总结在化学反应中发生改变的方面——促进学生化学素养的积累和提升

教师:要求学生"独合结合"总结化学反应中除了不变的还有改变。听取总结情况,进行随机激励课堂中积极思考和参与讨论的学生,引导。

学生:自主听、思、忆,参与合作总结;听取、总结在质量守恒定律中宏观上物质的种类一定改变,微观上分子的种类一定改变,听取激励与引导,内化。

【意图】锻炼学生总结归纳能力,培养科学的学习方法,形成良好的学习态度。

(六)组织合作总结本课所学和个性化体会,培养小结全课能力和注意小结、提高小结质量的良好习惯

教师:提示合作小结的要求;巡视、听取学生合作小结情况,注意随机激励与引导。下次课上组织专业完成情况的交流与反馈;注意随机激励与引导。

学生:听、思考、忆,参与交流与反馈。

四、意义揭示

通过两次实践与反思取得了更好的课堂教学效果。主要彰显了整合运用"独合结合"实施五式进行初三化学概念类知识专题复习体验式学习的独特价值。这种独特价值主要表现在以下"五性":

其一,深刻性。根据体验式学习的实际内涵来看,体验式学习是教育哲学和认知心理学的综合产物,是以学生为主体,学生通过融合课前预习、听讲、分析、实践等环节,从而进行的一种以感受、感悟促进理解、学习和记忆的学习方式。这种学习方式是一种认知、思考、实践三者循环互动的过程,这一过程符合知识学习的一般客观规律,能够有效提升学生学习体验的深刻性。

其二,巩固性。复习课教学的开展应该是整体性的,将学过的知识内容进行巩固、吸收。初中化学中有大量基础知识,内容零散琐碎,且概念深奥,学生很难理解记忆,也很难理清知识之间的逻辑关系,展开复习课就要让学生将上下册学过的基本概念、基本原理和基本方法进行整合,让学生建立起所有知识之间的联系,便于学生解题,增强对知识的巩固,加深对知识的理解。

其三,提高性。在复习教学中,教师借助"三程·三单",以"独合结合"为基础,学生在复习中能进行自主性的探究思考,清楚了解主次知识的脉络,将相关知

识层层相扣,对化学的内容进行有效内化及整合,引导学生构建自己的知识网。学生有了自主性,学习的知识可以得到有效的应用,学习效率得到提高,最大限度地保障了教学效果。

其四,方法性。体验式复习课,教师给予学生的是学习情境、学习资源、学习方法。引导、激发学生深度学习,重新经历概念体悟的过程,培养学生"独合结合"模式复习课,其魅力在于行动导向。学生获得了知识与技能、过程与方法和情感态度与价值观的整体发展。

其五,针对性。通过再次实践彰显了课堂教学改进的价值,针对首次学生在小组合作的题目中及解题方法的运用仍存在一定困惑,以及没有全面完成课堂教学环节(六)的内容的问题进行改进后,保证了课堂内容的完成,攻克了教学中的难点,培养学生运用寻找元素行走路线的方法提高解题的能力;锻炼唤起旧知、参与回答、集中注意、随机反思,加以内化的监控能力。这样的调整更加合理,从而更加有效。提高教学效率、增强了学生学习自觉性,激发了学习的热情,实现"苦学"到"乐学"的角色转换。在教学实践过程中,实现课堂教学的价值,体现了"独合结合"学习的独特价值。

(撰稿者：上海市进才实验中学毕文娟)

第四章

具身学习：多感官浸润的乐趣

本章从多感官课堂体验出发，让学生在独立学习与合作学习结合中感受学习乐趣，激发学习热情。通过调查式学习，将法律知识与实际相结合，学生自主研究，多角度探索法律奥秘；通过比较式学习，学生在听说读写的同时，体验不同节日的文化碰撞，探索本国文化、领略异国风情；通过探究式学习，提升学生数学公式推导与应用的相关意识、知识、能力和良好行为，提升数学学习素养。教师通过巧妙的课程设计，由此及彼让学生多感官地感受学习的趣味。

范式 4-1

调查式学习：在自主学习中探索法律奥秘

【摘要】马克思主义认识论强调："实践是认识的直接来源，认识只有在实践的基础上才能发生，也只有依赖实践的推动才能发展。"从这一理论出发，我们认为，教学过程是学生的认识活动过程，学生的主体活动是学生主体发展的条件和基础。调查式学习，能调动学生主体参与法律认识活动，有利于学生主体发展。

调查式学习是学生在学习知识的过程中，在教师的引导下搜集材料，进行社会调查，从而开拓视野，增进认识的学习形式。这种学习，将学习和质疑的主动权交给学生，将课内教学与课外学习相结合，独立学习与合作学习相结合（简称"独合结合"），使课堂从封闭到开放，在一定程度上打破了传统的以课堂为中心、课本为内容的学习模式，把学生被动接受法律知识的学习过程变为主动探索、自主学习的过程，有利于学生主体的发展和创新精神的培养。调查作为一种活动方式，使学生获得了法律认识的依据——法律材料，而调查的目的不仅在于此，更重要的是让学生运用这些材料分析问题。本课教学中，主要选取了访谈调查、问卷调查和文献调查。通过多元调查式学习，获得了新课学习的整体实效。

一、设计依据

（一）学情分析

七年级学生们知识面比较广，在日常的思品课学习中，他们关注时事新闻，尤为关注社会中发生的有关道德和法律方面的内容。在关于未成年人保护方面,学生有一定的法律基础,例如他们普遍知道《未成年人保护法》《义务教育法》等法律名称,他们会在课堂上提问老师,罚抄作业算不算变相体罚、家长是不是可以看我们的微信等问题。因此,在教学中,需要教师从道德、法律、社会意识形态等角度,与学生商讨此类问题。七年级的学生正处于人格成长的关键时期,未成年人是一个特殊的社会群体,他们身心开始由不成熟向成熟过渡,有着独特的心理和生理特点,非常需要家庭、学校和社会给予他们特别的关心和爱护。由于未成年人身心发展处于不稳定期,有些学生对自身有哪些权利和义务了解得比较模糊,有些学生自身的合法权利被侵犯了也无所知,还有学生不知该如何捍卫自己的权利以及自觉抵制违法犯罪行为。

因此,本课拟通过课前、课堂、课后"三程"结合,实施独立学习与合作学习相结合的多元调查式学习,学生在收集案例、制作问卷、查阅资料的同时,探究第十课《法律伴我们成长》之第一框《法律为我们护航》的过程,感受法律的关爱,使他们理解法治的道德底蕴,尊崇公序良俗,牢固树立规则意识和契约精神,提升学生法律素养,培养自觉抵制违法犯罪行为的能力。

(二) 教材分析

《法律为我们护航》是人民教育出版社七年级第二学期道德与法治课本第四单元《走进法治天地》第十课《法律伴我们成长》第一框的内容。《课本》在编排上,主要体现知识的逻辑性,本框内容分两目。第一目"我们需要特殊保护"中的知识点"未成年人受到伤害的原因有哪些"和"怎样才能使未成年人免受伤害",可以通过独立学习与合作学习的方式进行问卷调查和文献调查,引导学生思考,在探究交流中明确未成年人的身心容易受到不良因素的影响和不法伤害的特点,懂得未成年人需要受到特殊的保护,如此编排为学习下一目"感受法的关爱"作铺垫。另外,在第一目编排中,可以加入知识点"法律面前人人平等"的内容,让学生了解公民依法行使权力和履行义务。这部分内容教材中是置于最后一部分,我认为可以在第一目中先提,帮助学生了解未成年人因年龄、身心等各方面因素而需要受到特殊保护。同时,这个知识点可以在讲第二目的"小强的案例"中再次提到,加深学生法治素养,起到前后呼应的效果。

第二目"感受法的关爱",学生通过独立学习与合作学习的方式,搜集法律文书和各种法律案例,访谈调查个别学生生活学习中是否存在各种对未成年人不法侵害的案例,通过阅览法律条文和案例的收集、归纳,提升了"独合结合"的搜集、调查、整理、归纳能力,从而促进了学生道德修养和法治素养的增强。

二、教学目标

1. 能意识到法律对未成年人特殊的关爱和保护,意识到要珍惜自己的权利,增强法治意识;了解保护未成年人的相关法律法规;了解对未成年人进行"四位一体"保护的内容,认识到保护未成年人是全社会的责任。

2. 经历课前、课堂和课后"三程"结合,实施基于"独合结合"的道德与法治四次调查式,结合其他"两式"(信息技术整合式、随机激励式)学习两框内容的过程,熟悉我国对未成年人保护方面的法律法规,加强理解未成年人受法律特殊保护的原因;强化学生对身边典型事例的分析探究能力,锻炼独合结合实施问卷式调查、课堂访谈式调查、案例分析式调查和课后小组实地调查式调查的能力。

3. 激发学生学习法律知识的兴趣,体会法律对未成年人特殊的关爱和保护,学会尊重法律,遵守法律,初步树立法治意识;增进实施多元调查学习的兴趣。

三、实践过程

(一)导入新课

出示图片:共享单车禁止 12 岁以下骑行。

提问:共享单车公司这么做的依据是什么?

为什么要做这样的规定?

同时抽取相关学生交流课前关于未成年人骑单车问卷调查结果,注意随机激励与引导。

问卷调查材料如下:

1. 你最早骑自行车上路是几岁？

 A. 12周岁以前   B. 12周岁以后   C. 不确定；

2. 你是否知道未满12周岁的未成年人不能骑车上路？

 A. 知道   B. 不知道   C. 不确定；

3. 你在骑车过程中有没有发生过交通安全事故？

 A. 有   B. 没有   C. 不确定；

4. 你有没有骑过共享单车？

 A. 有   B. 没有；

5. 父母是否知晓你骑自行车外出？

 A. 知道   B. 不知道   C. 不确定

接着导入课题——《法律为我们护航》

【意图】初步锻炼学生小组合作开展问卷调查的能力，增进小组合作调查的兴趣。

（二）新课教授

环节一：我们需要特殊的保护

组织现场小组合作访谈：要求各小组学生，就"关于未成年人需要特殊关爱和保护"的相关内容，现场访谈其他小组的学生；注意及时概括调查结果，了解和感受特殊保护和关爱的差异性。

出示学生课前访谈调查视频"未成年人还享受着哪些特殊的保护和关爱"。

提问：未成年人为什么需要特殊的保护和关爱？

学生讨论：未成年人受到法律的特殊保护，是不是违背了"法律面前一律平等"的原则？

结合教材"相关链接"提问：对未成年人要进行特殊保护的这种共识，是不是世界各国一直都有的？《儿童权利公约》的形成历程说明了什么？

【意图】通过学生生活中的经验以及对《儿童国际公约》形成历程的学习，引导总结未成年人需要特殊保护的原因：（1）未成年人自身特点角度；（2）人类社会发展的角度。

环节二：感受法的关爱

PPT出示课前文献调查"你知道我国有哪些法律保护着未成年人的合法权益"？插入视频《未成年人保护那些事》，组织讨论、交流：这些法律是如何发挥着保护未成年人的作用的？倾听学生回答，作随机激励和引导。

自主阅读教材"探究与分享"后，进行小组讨论；组织班内交流：（1）你觉得小强可以向谁寻求帮助？（2）如果你是小强的同学，你会给他提供哪些帮助？倾听学生回答，作随机激励和引导。

【意图】通过事例分析以及讨论，引导学生理解家庭保护、学校保护、社会保护和司法保护四位一体，构筑起保障未成年人合法权益的四道防线，感受法的关爱，懂得依法律己、依法维权、遵法守法。培养学生的逻辑思维能力。

环节三：学生课堂合作梳理、归纳总结

借助多媒体引导学生梳理本课知识点，归纳总结，注意随机激励，增进学生对未成年人保护法的学法、守法、遵法意识。

【意图】锻炼学生梳理所学、进行归纳整理能力，促进良好学习总结习惯养成。

（三）课堂延伸

借助PPT出示课后学生小组实地调查式学习要求：学生按原定小组活动，分工查阅《未成年人保护法》，了解家庭保护、学校保护、社会保护和司法保护的主要内容；选择其中一个方面，调查周边家庭、学校、社区和司法机构，对未成年人实施保护的情况；写一份调查报告；小组成员根据评价表进行互评，完成评价表；每位学生根据其他小组的建议，参与修改本组调查报告，下次课上组织交流反馈，注意随机激励和引导。

【意图】锻炼学生"独合结合"开展文献阅读、实地调查的能力；锻炼小组互评、修改完善调查报告的能力；增进对未成年人保护法的学法、守法、遵法意识；增进"独合结合"实施调查式学习的兴趣。

（四）主要实效

学生经历"独合结合"思品实施多元调查等"三式"学习过程，很好地达成了本课学科本体和课题研究主题的相关有效教育和预设的三维目标。

其一，课前——小组合作调查的实效。课前，学生经历预习新课、问卷调查、文献调查、合作访谈调查的过程，学生学习探究兴趣很快就被调动了起来，通过课程活动学生锻炼了自主独立学习与小组合作学习、查阅、尝试解决问题和进行归纳与交流的能力，学生能够认识到社会中有很多法律对未成年人的保护和关爱的做法和法律规范。

其二，课堂——经历了两次"独合结合"调查式学习和其他两式的实效。第一，学生经历观看访谈调查"关于未成年人需要特殊关爱和保护"相关内容现场访谈部分学生的过程，培养学生观察能力，激发学生后续进一步了解社会的兴趣和热情。第二，学生经历观看视频资料《未成年人保护那些事》，阅读案例、小组讨论案例的过程，教师在学生发言的时候适当地进行追问和激励，让学生开阔了眼界提升了学习的兴趣，增进了学生合作分析概括归纳的能力。第三，学生经历自主＋合作梳理归纳小结全课所学内容、教师引导、全班交流、补充和听取教师随机激励与引导，有机培养了学生良好的复习习惯；锻炼了自主质疑探索能力和小组合作交流和进一步收集、梳理、归纳信息的能力。

其三，课后——经历课后作业、下次课上交流评价的实效。课的最后布置课后作业——学生课后小组合作查阅《未成年人保护法》，了解家庭保护、学校保护、社会保护和司法保护的内容，选择其中一个方面结合当地对未成年人实施保护的情况进行调查，并撰写一篇调查报告，下节课上小组合作展开互评。下次课上借助实物投影仪组织反馈和激励、引导。培养了学生合作阅读、判断、评价能力和激发了学生调查热情。

四、意义揭示

本次新授课的实践与反思，取得了较好的课堂教学效果。主要原因有三：

（一）符合积极情绪原理

在课前的准备中，学生通过自主预习教材、小组分工搜集资料获取了相关内容，锻炼了相应的能力，增进了学生学习的动力、成功感，获得了非常好的积极情绪暗示，激发了后续学习兴趣，也愉悦了学生的学习过程；教师全程注意加强随机激励和引导,使课堂气氛更为轻松活跃,学生观看多媒体内容的同时主动汲取相关的课堂知识内容,在案例分析环节中学生对案例的理解与分析尤其具有一定的挑战性。对与学生息息相关的日常生活内容的讨论,激发了学生学习的兴趣,让学生更好地参与到课堂学习中;课后,通过小组合作的形式收集、梳理、归纳、撰写调查报告,下次课上小组互评交流,锻炼了学生收集、梳理、判断、归纳、交流和评价的能力,以及分析与社会现象关系和社会价值的能力。

自主观察和听课教师的课堂观察也表明——在整个课堂学习过程中,结合上述举措,全班学生总体上能在全课中保持着积极情绪。这既与学习难度的渐进性安排有关,又与信息技术的多元化有机运用有关,更与教师注意对学生个体和小组的参学进步、积极表现和高速、高质的学习行为,及时给予随机的口头激励有关,使学生感到愉快和满意。

积极心理学的积极情绪体验原理认为,积极情绪能扩大我们的视野,使我们能够对新思想和新活动保持开放的心态,并且比平常更具有创造性(《积极心理学:关于人类幸福和力量的科学》,作者卡尔,2008年出版)。因此,学生学习本课的上述过程与教学实效的很好达成,正是由于挑战性学习成功的逐步积累,积极情绪逐步扩展,创造了更好的班级关系,显示更强创造力的机会,从而促进了学生个体、小组成员和全班学生,对难度渐进、环环相扣、对现象熟悉而原理又把握不透的学习内容、资源,能够保持开放的心态,积极主动、较为深入、多元化地进行探索,取得科学、高速、提质和愉悦的新课学习整体实效。

(二)符合人本主义学习理论

在本次调查式学习的过程中,学生展开调查,以独立合作的方式设计调查问卷,独立自主搜集、调查、访谈和探讨法律为何及如何保护未成年人,提升了学生相应的能力。在"探究与分享"环节中,教师创设情境让学生围绕案例中的问题进行讨论,将自己代入案例中的角色思考问题,增强学生的体验感。调查问卷的过程中,教师充分发挥了学生的主体地位,组织学生自主设计调查问卷,如何开展访谈调查以及小组合作评价,把学生作为学习活动的主人,在学生心理需求的基础上进行相关的教学活动。

（三）彰显了多元调查式、信息技术整合式和随机激励式相结合学习的价值

"三程"的学习中，多元调查式、信息技术整合式和随机激励式相结合学习的具体做法和各自实效参见上述的课题研究、实践过程和实效概述（此处不再概述）。"三式"在"三程"学习中围绕着"法律为未成年人护航"，从创设情境到合作学习、从搜集调查到内化学习，加上课堂讨论和教师的随机激励与引导，既发挥了学生自主体验式学习的价值，又发展了学生自主、合作调查、分析、梳理、归纳、交流、评价、小结等能力；提升了合作精神，探究意识，小结素养，培养了"独合结合"学习的良好行为习惯；激发了学生后续调查的兴趣。

（撰稿者：上海市进才实验中学王婷）

比较式学习：节日体验中激发学习热情

【摘要】比较也是一种学习，学生通过在独立和合作中比较中西方文化中圣诞节和春节两个节日异同点的学习，逐步扩展学生学习文化的内容和范围，并激发学生对于学习语言的热情，提升英语综合运用能力，同时两种节日文化的碰撞能够培养学生跨文化学习的能力，尊重和正确面对两种文化间的差异，有益于培养国际意识。

初一的学生对于中西方的节日普遍存在既熟悉但又陌生的感觉。对于节日文化中的细节内容或者背后的故事，还是了解得甚为粗浅，同时用英语来表达更是有一定的难度。本课拟通过课前、课堂、课后"三程"结合，融合在"春节和圣诞文化对比"的独立学习和合作学习相结合（简称"独合结合"）的比较式学习结合其他"五式"学习（任务驱动式、借助信息技术式、"三程"学习单式、节日氛围体验式和随机激励引导式），尝试收集节日的要素、中国传统节日——春节文化元素，梳理、编写、展示、交流、评价和完善英语中国传统节日文化元素，来增进学生加强对传统节日文化学习的意识，并扩大学生对国外文化的自主信息搜索、对比、概括能力和语言组织以及演讲能力；通过比较两个节日的异同点，使学生了解西方文化，同时加深对于中国文化的理解，进而拓展文化视野，形成初步的跨文化交际意识和能力。

一、设计依据

（一）学情分析

初一学生的英语学习水平参差不齐。学生对于课前、课堂与课后（简称"三程"）在学习单（课前预习单、课堂学习单和课后作业单——以下简称"三单"）的引导下，结合在"春节和圣诞节文化对比"的"独合结合"的比较式学习结合其他"五式"学习去完成一个节日文化的相关收集信息、进行展示、交流、评价、小结和反思、完善的任务，还没有完全尝试过；对于课前、课堂、课后完成相应学习任务的全过程的能力，还需要努力加以提高。在中学起始阶段的学生，应该需要对中外文化的异同点有粗略的了解和认知。对于初一的学生而言，节日中所蕴含的文化与学生生活密切相关，可以激发学生对于英语的学习兴趣。通过对春节和圣诞节的对比，可以让学生更好地关注中外文化的异同，加深对中国文化的理解，提高跨文化交际能力。

（二）课标分析

2012年1月，北京师范大学出版社出版的《义务教育英语课程标准2011年版》（简称英语课标）[1]指出："综合语言运用能力的形成建立在语言技能、语言知识和文化意识等方面整体发展的基础之上，文化意识有利于提高学习效率和发展自主学习能力；在学习英语的过程中，接触和了解外国文化有益于对英语的理解和使用，也有益于加深对中华民族优秀传统文化的认识与热爱，有益于接受属于全人类先进文化的熏陶，有益于培养国际意识。"同时，课标中还指出："教师在教学过程中，应该根据学生的年龄特点和认知能力，逐步扩展文化知识的内容和范围，并激发学生学习英语的兴趣。"因此，本课的教学内容，涉及中国传统的节日文化知识和外国节日文化知识应与学生的学习和生活密切相关，使学生能够知道一些中外节日中典型的代表性歌曲、食物、节日的起源、庆祝方式、文化习俗、装饰品和代表人物等。这既与学生的生活息息相关，又通过这些丰富多彩的内容以激发他们的参学兴

---

[1] 中华人民共和国教育部. 义务教育英语课程标准[S]北京：北京师范大学出版社，2011.

趣。英语课标还指出："教师应充分了解所有学生的现有英语水平和发展需求，选择适当的教学方式和方法，把握学习难度，调动所有学生的积极性，使他们保持英语学习的信心，体验学习英语的乐趣，获得学习英语的成功感受，并使他们在各个阶段的学习中不断进步。"因此，独立学习和合作学习实施比较式学习结合其他"五式"（任务驱动式、借助信息技术式、借助"三程"学习单式、借助节日氛围体验式、随机激励引导式），完成春节文化的相应收集与编写、展示、交流、评价、小结和完善等学习任务，既锻炼相应的能力，又让不同英语水平的学生积极参与到学习活动中来，并增进学习英语的信心，体验和感受成功的快乐。这些，都是符合课标的上述精神的。

（三）教材分析

本课教学内容，来源于上海市九年义务教育课本牛津上海版英语六年级第二学期 Module 1 Unit 3 Dragon Boat Festival 的 Reading 部分《Qu Yuan and the Dragon Boat Festival》，Writing 部分《An Email》，教材由执教者整合而成——以本课之独立学习和合作学习学生比较式学习的课前、课中与课后学习单（"三单"）的形式加以呈现。

首先，课前预习单：帮助同学自主复习介绍节日基本内容，拓展介绍节日的基本元素，以及引导学生自主搜索春节中所选择的文化元素之相关资料。

其次，课堂学习单：以课文内容听写填空为引导，执教者带领全班同学一起梳理节日文化介绍中的元素以及相关注意点等。之后，小组成员对本组所选春节节日中的元素进行展示分享，并在评价标准的帮助之下，进行组内自评和组间互评，以拓展学生春节节日文化知识，锻炼成果展示、交流、评价能力；提升学生完成独立学习和合作学习任务意识和主动学用节日文化的意识。

最后，课后学习单：将中国的传统节日春节和西方节日圣诞节进行对比，总结梳理异同之处，锻炼比较能力；感受中西方新年重大节日文化的相同之处和差异之处，内化各自价值。

二、教学目标

1. 能通过独立学习和合作学习完成课前、课堂与课后相应春节节日文化介绍过程中的信息收集、演讲稿撰写、讨论改写、PPT 制作、分工展示、讨论评价和圣诞、春节节日文化特色异同比较等任务，锻炼相应能力；了解节日文化的基本要素——"五元素"（节日的由来、活动、装饰品、食物和习俗等）；了解评价标准并能运用评价标准进行客观评价和说明；增进对"三程"独立学习和合作学习中实施比较式学习结合其他"五式"在提升圣诞、春节节日文化特色素养把握方面独特价值的认识。

2. 经历课前、课堂和课后"三程"结合在"圣诞和春节文化对比"的独立学习和合作学习相结合的比较式学习结合其他"五式"学习，能够锻炼学生在收集、梳理、归纳节日文化的展示、交流和评价能力，通过与春节相应板块进行对比在促进用英语收集处理信息和进行说、观、评、归纳、改进和对比方面的能力。

3. 激发学生继续开展此类学习的兴趣；体会个人投入对小组收集、编写及展示春节节日文化的积极作用，增强个体的责任意识和团队合作意识；增进中西新年节日跨文化学习、交流意识；加深对中华民族优秀传统文化的认识与热爱。

三、实践过程

本课在教师引导下，整合实施比较式学习及其他"五式"，学生围绕春节节日文化六个方面元素"三程"独立学习和合作学习相结合完成课前收集、提炼，课堂展示、分享、评价、小结，课后与西方圣诞节节日文化比较异同和下次课始分享交流，在完成相应任务过程中，在提升初一学生英语听说读写素养的同时，锻炼独立学习和合作学习圣诞和春节节日文化信息收集、提炼、展示、交流、评价、小结和比较能力，并有机沉浸渗透中国传统节日春节文化意识、知识、能力和良好行为习惯"四素养"。

（一）导入新课

请同学头脑风暴列举节日的文化元素。提问：在我们原本学习端午节时，我们一般可以介绍哪些板块的内容？

【意图】使学生及时巩固节日文化的基本知识（"五元素"），然后延伸到讨论、提炼春节节日文化元素，并整理出"七元素"；激发学生展示节日文化的热情。

（二）新课教授

环节一：小组合作展示

邀请学生以小组为单位，借助信息技术，依次展示课前所编春节节日的PPT并作现场演讲，其余小组同步观察并记录每组展示情况。

【意图】锻炼学生小组协作借助PPT进行特定春节节日文化现场展示、交流和同步观赏、听讲、记录、思考如何评价的能力；及时巩固春节节日文化"七元素"知识；提高英语表达及综合运用能力。

环节二：学生课堂合作评价

多媒体出示学习单中的评价标准；要求学生根据评价标准和个人记录情况，进行小组讨论，互评评选出两个最为欣赏的展示交流小组，并讨论说明理由；对有困难的小组进行随机指导，提示注意参照评价标准。邀请各小组推选的一至两位同学，到讲台处投票并阐述理由。师生合作统计评选结果；宣布评选结果。

【意图】培养学生小组合作讨论、客观评价和说明春节文化优秀展示小组理由的评价能力；感受中国传统节日文化素养的提升；增强跨文化学习意识；激发这样学习的兴趣。

环节三：学生归纳总结

组织独立反思、小结和在组内交流课前、课堂所学内容和体悟、经验，并独立简要记录在评价表下方。

【意图】培养学生独立学习和合作学习中反思、小结和交流能力；感悟个人投入对团队的积极作用，合作对个人带来的帮助与提升，增强个人责任意识和团队合作精神；增进使用比较式学习及其他"五式"学习英语的价值认识、兴趣和自信。

（三）课堂延伸

协助多媒体布置2项可选作业(2选1)：以班级为整体，将本次七个组的春节节日文化分板块展示，汇合成一份电子视频，变成一份完整的春节节日文化展示视频成果——希望各组组长、英语课代表能够主动参与；有兴趣的学生（希望至少有一半左右），请根据本次春节文化展示的"七元素"、参考评价标准和刚才总结的所学与经验等，尝试小组合作收集、梳理资料，编辑一份春节与圣诞节"七元素"节日文化的相同点和不同点进行比较的展示成果。

【**意图**】使学生巩固春节节日文化基本要素——"七元素"知识和较为整体地把握春节节日文化;锻炼小组合作对春节文化元素分类资料进行整合,编辑视频成果能力;继续锻炼小组合作收集、梳理指定信息收集,并将春节与圣诞中西两大新年节日文化"七元素"比较同异、进行展示、交流与评价的能力;增进这样学习的价值认识;弘扬中华优秀传统节日文化。

附:本课评价表

独立学习和合作学习相结合的比较式学习结合其他"五式"春节节日文化介绍评价标准(个人用)

评价时间:_____年_____月_____日;评价对象:_____评价者:_____

	评价内容与分值(分)		评价要求	得分	备注
春节节日文化介绍	节日主题(10)	符合节日特色及实际情况	符合(10—9); 较符合(8); 一般(7—6); 较少符合或不符合(5—0)		
	内容(20)	符合主题,逻辑清晰,详略得当,听众能够从中获得信息	符合(20—18); 较符合(17—15); 一般(14—11); 较少符合或不符合(10—0)		
	PPT(20)	能够很好体现"五性":简洁性、结构性、趣味性、动态性、丰富性	符合(20—18); 较符合(17—15); 一般(14—11); 较少符合或不符合(10—0)		
	演讲交流(20)	口头交流说明准确、语言流利、表达清晰、仪态大方、有感染力、时间把握好	符合(20—18); 较符合(17—15); 一般(14—11); 较少符合或不符合(10—0)		
合作交流	合作(20)	全员参与、同伴互助、合理分工	符合(20—18); 较符合(17—15); 一般(14—11); 较少符合或不符合(10—0)		
	特色(10)	加分理由	特色明显(10—8); 特色较明显(7—5); 特色一般(4—2); 特色少或无(1—0)		

(续表)

评价说明： 1. 满分 100 分 2. 特色加分：满分 10 分，计入总分，但最高分数不得超过 100 分 3. 各权重一致：满分均为 100 分 4. 分数与等间的转换：优(100—90)；良(89—75)；中(74—70)；合格(69—60)；需努力(59—0) 5. 备注栏：可记录对该小组的评价、优点、建议等	合计得分： 等级：

（四）主要成效

首先，在节日文化意识方面，学生们在合作学习和独立学习的学习方式下，完成课前、课堂和课后相应节日文化介绍的信息收集，演讲稿撰写和讨论改写，在这个过程中学生能够意识到：在真实任务中使用英语对促进英语口头表达能力和综合运用能力的提高有一定作用；本次的分工展示中，可以看到班级的每一位同学都参与其中，学生能意识到完成完整的一份关于节日文化介绍，需要团队合作；每个小组由七位成员组成，能力较强的同学成为小组的组长，负责核心任务，如分工安排、文稿撰写等，并在组长的积极带领下，小组成员在相应的时间点完成相关任务，对于英语相对薄弱的同学，也能够通过搜索资料图片等形式，参与进来，学生能够在团队合作中积极增强合作责任意识，体会到个人投入对小组收集、编写及展示春节节日文化的积极作用，感受到个人对团队的影响；学生在归纳端午节日文化的基本要素——"五元素"的基础上，改进春节节日文化"七元素"并与圣诞节相应板块进行对比，增强中西节日跨文化学习和交流的意识，学生能意识到了解国外的节日文化有益于增进文化意识和国际意识，也对学习英语有良好的促进作用。

其次，节日文化知识方面，每个小组在收集、梳理、比较、归纳、展示和交流中，能以独自或合作的方式了解圣诞文化中一个方面特色的背景资料；了解节日文化的组成部分——节日的由来、节日的活动、节日的装饰品、节日的食物和节日的习俗等方面(简称节日文化构成"五元素")和春节节日文化板块组成部分。

再次，节日文化能力方面，在介绍春节节日文化的展示中，每个小组都能够展示介绍春节节日文化元素"七元素"(节日来源、节庆时间、常规活动内容、习俗、穿着、装饰和饮食)中的一种,学生在团队中至少承担并完成一项春节文化中一个方面特色的资料收集与整理、归纳任务;每一个小组展示春节文化元素时都采用了PPT的展示,同时不同的小组有不同的特色展示,有学生们展示自己制作的精美春节特色食品、展示春节特色装饰品,有小组学生穿上春节特色的服装——唐装,引得全场学生拍手鼓掌,台下的学生能够感受到浓浓的春节节日氛围,学生能制作课堂介绍用的PPT、参与课堂春节特定文化元素的交流,对于每个小组的展示,都有至少一位或者多位学生在讲台前进行英文的演讲介绍,学生间默契的配合以及有两组同学能够全程不看演讲稿,脱稿演讲,给在座的所有师生留下了深刻的印象,大部分学生能在全体师生面前用英语流利地介绍小组作品;小组通过合作对展示交流成果进行观赏和根据评价标准对其余小组展示交流进行过程性客观评价、细节分析和整体领悟,能够借助评价标准进行个人自我反思小结。

最后,节日文化良好习惯方面,课后学习单设计了两个任务,供学生们选择其中之一去完成,通过课堂上精彩展示的经历,激发了学生们对于春节和圣诞节的特色对比的兴趣,同时通过前面对于春节的文化交流,学生们对于收集资料,编写、提炼、分享、评价和小结能力都有所锻炼,学生愿意借助网络等渠道收集中国春节节日文化元素和圣诞节节日文化元素、加以梳理和尝试概括异同;小组中能力较强的学生愿意组织带领小组去参与课后的春节和圣诞节的对比任务,大部分学生愿意主动拓展对不同节日文化特征的收集与比较。

四、意义揭示

彰显了"春节和圣诞节节日文化对比"的独立学习和合作学习相结合的比较式学习结合其他"五式"学习在提升学生把握节日文化素养方面的独特价值——"五性"。

(一)情境性

本节课借助节日氛围体验式为课堂创设了一个真实的教学情境:在放寒假之前,介绍春节的节日文化元素。男女生都穿着红衣,男生头上戴着老虎帽,女生则用红绳在头上扎着小啾啾,教室里贴了春联并布置了装饰品,学生们在含有浓浓春节气氛的教室里,介绍和展示春节节日的"七元素",演讲的同时,还展示出真实的春节食物、春节装饰品还有学生扮演年兽等,为整节课都营造了一个过春节的节日真实情境。

(二)针对性

中西方节日文化比较是一个范围较大的题目,学生们通过比较式学习,将一个节日文化内容分成七个元素,每个小组只承担其中的一个元素,同时在介绍这一元素时,组内学生独立搜寻资料、合作讨论、组内整合等,打破了以往对于英语话题无从下手的苦闷,同时小组分工展示成果也能让不同英语学习能力的同学进行展示和交流,英语能力较弱的学生也能通过他的特长参与活动,从而保证了节日元素文化文字稿的编写、展示、交流与评价的实效。

(三)自主性

随机激励与引导式,使学生在准备过程中得到鼓励和引导,从而增加学生的参与热情,对于学生介绍的文化特色介绍方案提出修改意见或者启发修改,以学生为主体,让学生有任务的掌控感和激励感,从而使得学生能够更主动地去不断搜寻资料并修改,对于不足之处提前指出,能够化解在写演讲稿和PPT制作中的困惑。对于他们一些新颖的点子进行肯定,比如选择春节来源的这组学生问及如果现场表演其中的故事会不会更有效果,当即肯定之后,小组同学就组织排练节目;其中也有小组通过搜寻资料之后,认为网上文字过于拗口,难懂,会对听讲的同学造成困扰,学生们的对策是通过他们自己熟悉的字句来进行简化,写完之后组内互相朗读和修改文稿,这是以往的学习中所没有的热情。

(四)趣味性

要了解春节节日文化,学生需要借助信息技术式去获得大量的信息和资料,这些资料的收集、整合以及课堂的展示都是通过学生组内讨论,自主决定,信息技术可以使得学生获得不同的视频、图片等,让学生在搜寻资料时增强学生对于春节节日文化的兴趣,同时为了制作出精美的PPT和文字稿,学生们还专门购买春节节日背景的模板,突出了春节的氛围。同时也有小组为了能够增强演讲时的效果,在制作 PPT 时运用不同的超链接和动画,让学生和老师能够更好地理解他们演讲的内容。

(五) 实效性

借助"三程"学习单式将教学内容通过学习单的形式呈现,同时将整个内容分为课前、课上、课后,每个部分都通过比较式学习活动提高了学生自主、合作、探究学习的能力,同时也大大缩短了课堂所需要的时间,能够在一节课中让所有的同学都能得到展示。学生们根据评价标准,以及自己所做的课堂记录,对每个小组进行客观评价,这对于参与课堂专注度、促进总结和反思能力的提高有很大的帮助,同时,完成"三程"学习单的过程也为同学在课后自己去探索中西节日文化的异同点指明了方向,学生能够根据自己在这个过程中所学的方法运用到今后的自主学习与探索各类节日文化中去。

(撰稿者:上海市进才实验中学胡爱丽)

范式 4-3

探究式学习：运用公式推导提升数学逻辑素养

【摘要】以课前、课堂、课后"三程"相结合，整合实施基于独立学习与合作学习相结合的学习方式，探究数学公式推导与应用，提升六年级学生数学公式推导与应用的相关意识、知识、能力和良好行为，促进学生提升数学学习整体素养。分两个层次的探究，第一层探究测量圆周长和直径的方法；第二层对测量数据进行分析，猜想圆周长与直径的关系，推导圆的周长公式。

《上海市中小学数学课程标准》强调：学生学习数学的方式，按学习心理过程特点进行区分，有教师主导取向的接受性学习和学生自主取向的探究（研究）性学习两种方式。在学生数学学习的过程中，接受性学习是一种不可缺少的学习方式，同时要提倡探究（研究）性学习的方式，这两种学习方式的优势互补是促使学生达到基础与发展平衡的重要条件。随着学生学习经验的增长和能力的提高，应该逐步增加探究（研究）性学习活动。本课拟在数学课堂上，以独立学习与合作学习相结合（简称"独合结合"）的方式，通过自主选择测量工具与测量方法，合作测量圆的周长与直径，记录数据，分析数据，探究圆的周长与直径的关系，推导出圆的周长公式，并对公式进行巩固与运用。这不仅着眼于学生学会用公式计算圆的周长，而且真正经历圆周长的推导过程，提升公式推导与应用素养和研究实验几何的能力，可为今后过渡到论证几何构建桥梁。

一、设计依据

（一）学情分析

六年级的学生已经对圆的有关知识有了一些初步了解，在小学四年级就认识了圆，知道圆心、半径和直径，知道半径和直径的数量关系，会用圆规画圆，知道了圆是轴对称图形有无数条对称轴，对圆有了一些直观的认识。

小学阶段，学生曾在数学课上以小组合作的形式测量一些基本图形的边长或周长，也曾通过小组合作解决一些数学思考题。进入初中就读开始，这些学生已经上了6节数学探究课，探究内容是数学史，主要的模式是全班看一段BBC关于数学史的纪录片，从中找出自己感兴趣的点和小组成员在课后分工合作，制作课件，下一次课进行交流与分享；本组同学可以补充，其他组的同学可以提问并评价。学生仅仅初步体会了探究课的一种学习模式：收集→处理信息→制作PPT→进行交流、质疑和评价。这对本课的探究性学习还是有利的。但全班学生结合数学相关公式推导与应用的素养，总体上都需要继续加以培养。

（二）教材分析

本课教材版本是上海教育出版社六年级数学第一学期，内容是第4章第1节《圆的周长》第一课时。本节课基本建立在教材的基础上，教材中直接给出测量圆周长的"绕线法"和"滚动法"以及测量直径的图示，同时直接让学生求出圆的周长与直径的比值，从而得出圆的周长公式。本节课教材的安排，是基本凸显学生的主体地位，通过独立学习与合作学习，探究圆的周长公式的过程，从而提升数学公式推导素养的。

本课拟分为两个层次的探究，第一层是探究测量圆周长和直径的方法并进行测量获取数据；第二层次是利用前面测量的数据，进行数据分析，并大胆地猜想圆的周长与直径的关系，进一步通过数学软件"几何画板"来验证同学们的猜想，从而推导出圆的周长公式，从中还有机融入介绍中国数学家祖冲之对圆周率的贡献。让学生以（"独合结合"）的方式，比较完整地探究圆周长公式的推导过程，这种探究旨在不仅让学生知道圆周长公式的来源、意义和会用公式，而且锻炼测量与分析数据、进行合理猜想与验证猜想、推导出公式的能力,并激发学生的民族自豪感。

二、教学目标

1. 理解圆的周长和圆周率的意义,掌握圆的周长公式,并能正确应用公式计算;体会从具体到一般的归纳推理思维过程;初步认识到"独合结合"探究数学公式推导和应用的意义。

2. 课前完成分组;完成测量工具和2个不同圆形物件以及计算器的准备工作;锻炼预习能力。课堂经历"独合结合"地探究圆的周长公式,初步了解数学公式推导和应用的基本步骤和方法,学会如何进行课堂小结方法。课后巩固圆的周长公式的理解与运用;体会课后小组合作小结与评价的意义,锻炼梳理、概括学习内容和学习方法的能力。

3. 感受探究式学习推导与应用数学公式的乐趣,增进对这样学习价值的认识;增强个体在合作探究中的责任意识和团队合作意识;课堂和课后了解圆周率的发展历史,知道圆周率的意义和由来,增强爱国主义精神。

三、实践过程

(一)课前准备

准备测量工作,圆形物件以及计算器,按要求进行课前预习。

(二)引入新课

1. 展示学生课前准备的圆形物件,出示圆形的班徽,我们班徽也是圆,老师想给它镶上一个边框进行装饰,框的长度实际上也就是圆的周长。这节课我们就要学习圆的周长。引入课题:4.1 圆的周长

2. 构建圆的周长的初步认识,反馈课前独自预习情况,回顾圆的圆心、半径、直径和周长。

【意图】创设给班徽镶边框的情境和借助独自准备相关的圆形物件,唤起圆

的有关概念以及激发后续探究的兴趣。

（三）探究测量方法并测量

1. 要想知道圆形班徽的周长，该如何测量？请同学们，用老师给的圆（每组的圆一样大小）尝试测量它的周长，并在组内交流你用了什么测量工具以及测量方法，评选出容易操作的测量工具与方法。把数据填写在学习单表格的相应位置。

2. 请相关组的代表交流测量方法并作总结。

3. 老师运用和大家一样的方法，测量出班徽的周长，在淘宝上找了一家可以镶圆形画框的店——发现选择尺寸是按直径大小的，可见直径与周长存在一定的数量关系。那么它们存在怎样的关系呢？为了研究这一问题，我们需要首先测量出圆的直径，该如何测量？请同学们还用老师发的圆，通过组内讨论，找到合适的工具与方法加以测量，并填表。

4. 选一组进行交流与小结，并作随机激励与引导。

5. 请小组内两两合作，再测一组你自带的圆的周长与直径（每两人只需测一个圆），填写表格。

测量对象	周长 C	直径 d	C 与 d 的关系：

【意图】自主测量，小组交流，合作测量圆的周长，可以锻炼学生运用合适的工具和方法测量圆的周长、直径的能力，感受到"独合结合"探究圆周长与直径的测量方法的优势。

（四）探究圆的周长公式

1. 测量圆的周长与直径，两者之间到底存在着怎样的数量关系呢？请大家继续进行小组合作，可以使用计算器分析数据，大胆猜想，加以验证，并完成 PPT 出示表格。

2. 用几何画板画圆测量并求出周长与直径的比值。
3. 引导学生发现规律、初步认识圆周率符号表示。
4. 介绍中国古代圆周率的发展史。
5. 引导学生总结圆周长的计算公式：$C=\pi d$ 或 $C=2\pi r$

【意图】小组合作分析数据，探究圆的周长与直径的数量关系，并用几何画板进行科学验证，得出圆周长公式——感受"独合结合"探究圆周长公式的优势。提升六年级学生数学公式推导的相关意识、知识、能力和良好行为习惯"四素养"。

（五）例题与精练

1. 判断题

(1) 圆的周长是直径的 3.14 倍。（　　）

(2) 大圆的圆周率比小圆的圆周率大。（　　）

(3) 半径相等的两个圆周长也相等。（　　）

(4) 圆周率是 $\pi = 3.14$。（　　）

2. 例题 1

进才实验中学温馨教室评选前，老师需要给三副圆形画镶上边框。根据实测数据，进行设计和参与交流边框方案：

(1) 小明测出一副圆形画的直径为 30 cm，请求出它的周长；

(2) 小亮测出另一幅圆形画的半径为 10 cm，请求出它的周长；

(3) 小丽测出第三幅圆形画的周长为 25.12 cm，请求出它的直径。

【意图】精讲例题，应用圆的周长公式独自进行计算——巩固圆周率的概念和提升数学公式应用的相关意识、知识、能力和良好行为习惯。

（六）拓展提高

思考题 1：如果把地球和篮球这两个球体的横截面近似看作圆，若圆的半径都增加 1 厘米，那么它们的周长也增加了，请问谁的周长增加得多一些呢？

(A) 地球多　　　(B) 篮球多　　　(C) 一样多　　　(D) 无法确定

你选哪个？请小组讨论加以验证。

思考题 2：反之，如果把地球和篮球的圆的周长都增加 1 厘米，那么它们的半径也增加了,请问谁的半径增加得多一些呢?

【意图】激发学生进一步应用圆周长公式解决有意思的实际问题的兴趣,通过"独合结合"提升分析问题解决问题的能力。

(七)课堂小结

1. PPT出示小结引导:学习的内容、学习的方法、参学态度、自己、本组、其他小组参与合作探究学习推导与应用公式的情况和体会等——用简明扼要的方式表达出来。

2. 组织交流、评议。

【意图】提升小结的意识与能力。

本课课后小结

1. 本节课你学会了哪些知识?

2. 你是如何探究得出圆的周长公式的?

3. 谈谈你有哪些体会与收获?

4. 请评价一下今天你的表现如何?

5. 请评价一下今天其他组员的表现如何?

(八)课后作业

1. 小组合作完成课后小结与评价表。

2. 独自完成练习册4.1。

3. 独自完成校本作业4.1(提高选做)。

4. 小组合作完成收集信息作业:通过网络等方式,搜集有关圆周率的数学史。

(九)主要成效

在引入部分,提出要给圆形班徽镶上边框时,学生能迅速想到把实际问题转为测量圆的周长的意识。在学习例题与思考题部分时,学生能有将其转化为圆的周长问题的运用公式的意识。在探究测量圆周长的工具和方法以及探究直径的测量方式时,学生能在小组内部交流测量的方式,比较测量方法的优劣,找出有效的测量方式,使得小组探究顺利高效展开。在探究活动二:分析数据探究圆的周长与直径具有什么数量关系时,学生能与其他同学合作,大胆猜想并结合前测的数据验证圆周长与直径之间的关系。

大部分学生经历独合结合从测量具体的圆形物件的周长和直径,猜想并验证圆的周长公式过程,锻炼从具体到一般的逻辑推理→归纳能力。通过"独合结合"的探究活动一、二和三,91.48%的学生经历了大胆质疑、独立思考、敢于表达自己的观点和倾听同学交流的良好行为习惯。在测量、统计、计算与分析数据等小组合作探究推导圆的周长公式过程中,培养自己在小组内的合理分工和承担合作探究责任的良好行为习惯。

通过预习课本上提供的测量方法,91.48%的学生迅速找到有效测量方法,而不是仅有个别学生掌握测量方式。在小组合作的过程中,91.48%的同学们提出的方案基本和课本的方法一致,也有个别同学提出可以使用卷尺测量,教师很自然地引出了化曲为直的数学思想。在探究圆的直径的测量方法时,91.48%学生提出了课本上的测量方式,有个别学生提出用一把直尺放置在圆上,慢慢往上推,边推边测量得到的最大长度就是直径。通过小组讨论与合作进一步激发了学生的学习兴趣,提出了课本以外的测量工具和测量方法,真正提高了"独合结合"的时效性。

小组内测量教师提供同样大小的圆,比对测量数据的误差,进一步通过小组讨论与合作优化测量方式,课堂上有学生会提出用绕绳法时要紧贴圆的边缘,滚圆法时要做记号等建议,提高了探究式学习方式的效能。在探究周长与直径的关系时,不采用书本上直接计算两者的比值的方式,而是让学生自己探索两者的数量关系,体会大胆猜想→计算验证→得出结论的学习过程,而不仅仅只是计算验证。整堂课三次探究活动,从探究测量工具与测量方法→减少误差优化测量方法→探究周长与直径的数量关系推导公式,自然而然地帮助学生体验数学公式推导的全过程。

课尾的小结时间不充分,用课后小组内部小结的方式加以弥补,较好地培养学生参与小结与交流和加强小结方法内化的能力习惯。

四、意义揭示

经过二次实践反思,特别是在第 2 次实践时进行了部分调整,获得了更佳的教学效果。主要原因有三:

(一)彰显了"三程"结合探究式学习在提升学生公式推导与应用与"独合结合"素养方面的独特价值——"四性",即趣味性、主体性、系统性以及实效性。

第一,趣味性。主要体现为视觉的趣味性,比如,学生通过合作实测圆的周长和直径,学生测量教师提供和自己准备的各类美观的圆形物件,增加了视觉的趣味性;拓展题把地球和篮球近似看作圆,教师制作的 PPT 上有一个地球和一个篮球的对比图,增加了视觉的趣味性。对比的趣味性——让学生猜想当半径都增加相同的数量,周长增加的量是否相等——学生目测是地球大,但通过公式计算发现一样大,帮助学生感悟到数学的魅力,感受了目视与实际计算的差距。程序清晰化更易把握的趣味性——课堂教学中:学生经历了"独合结合"探究圆的周长公式的忆、测、猜、算、验、归、用、悟"八步基本过程"——从复习旧知、合作测量、猜想周长与直径的数量关系,到运用几何画板验证、归纳总结圆的周长公式,再到运用公式解题,最后感悟小结→清晰明了地帮助学生体会了公式推导的完整过程,初步了解了数学公式推导和应用的基本步骤和相应的方法。挑战难度逐步成功的趣味性——设计的"三程""独合结合"的相应的三大探究活动、例题环节的三问和一道需要灵活运用周长公式加以解答的问题的拓展题,难度都是渐进性提升的。但当学生独学有困难时,是在组内合作、全班分享、相互取长补短中逐步加以完成的;再加上及时听取教师多形式的随机激励与引导,有难度的学习任务逐步被解决;同学们在挑战难度的过程中,愈战愈勇逐步深入,获得了成功的趣味感。可见,在学生学习数学的过程中,通过逐步增加难度,有梯度地向学生发问,引导学生能踮起脚尖够到,可以激发学生研究问题解决问题的主动性,提高学习数学的成功感和挑战难度的积极性。

第二,主体性。课前、课中、课后"三程"学生完成各项任务,课前准备圆形物件与预习;课中测量圆的周长与直径,探究周长与直径的数量关系,解决例题与练习题,完成课堂小结;课后组长带领组员完成课后小结与组内自评与互评。教师仅仅从旁稍作提示与帮助,全程都是学生独立与合作完成,很好地体现了学生的主体性。特别是第二次实践,增加了探究周长与直径的数量关系,而不是直接让学生计算周长与直径的比值,让学生自主感受公式的获取过程是从大量的数据中猜想→验证→抽象出来的。再次实践更加凸显了学生的主体性——实效也就更显性。

第三,系统性。首先,"三程"设计的系统性——本节课的教学设计,分别从课前、课中、课后"三程"展开,从课前分组、准备材料与预习,到课中实测、分析数据、推导公式、运用公式解题、课堂小结,再到课后继续小结(弥补课堂小结的不充分进行),以及完成组内自评与互评,都体现了教学设计的系统性。这就使学生对圆的周长概念与性质的学习,逐步从感性认识上升到理性认识,再加以应用和小结,知识的系统性得到了进一步加强,从而保证了实效显著性。其次,探究流程的系统性——本节课共分为三大探究活动:第一,探究圆的周长与直径的测量,在此环节中先讨论如何测量周长进行实测,发现与同组同学测量有误差再讨论优化测量方式,接着测量圆的直径,也遵循周长的方式,先讨论后实践再优化;第二,探究圆的周长与直径的数量关系,第二次实践中改为小组结合多组周长与对应的直径,类比正方形周长与边长的关系合作探究周长与直径的数量关系;第三,合作小结,请小组结合教师提出的问题串(五个问题),小组合作小结,邀请部分小组作全班交流。三个探究活动内部,各有若干个小环节。三个活动之间,紧密联系,环环相扣,逐步递进。这些,都体现了探究流程的系统性与合理性,所以能够很好地帮助学生更显性地感悟圆周长公式的推导过程和在应用、小结中,逐步提升认识。再次,例题设计的系统性——本课主要解决圆周长公式的推导,对于例题的选取较为基础,但也考虑到了例题设计的系统性。从概念辨析题,到套用周长公式求解周长与直径(既正用公式又逆用公式),又有妙趣横生的拓展题,在激发学习兴趣的同时,又有数学思想的深入渗透。最后,课堂小结与课后小结相结合的系统性——针对课堂小结时间不足,二次实践增加了课后小组合作小结环节,大大弥补了课堂不足,也进一步培养了学生自主小结的意识与能力。为了解决学生小结能力不足的问题,教师给出一些问题串,引导学生进行独立与合作小结,帮助学生感悟如何进行课堂与课后小结,提高小结能力。这使学生不再仅仅局限于今天我学了哪些内容这一简单层面小结,而能进一步发掘小结内容的广度与深度——即本课的数学学习方法、今后数学学科可持续用的方法、学习的个性化经验与体会、与研究主题有关联的学习方式方法等,会思考的小结才是真正的小结,而不是流于形式。

第四,实效性。 首次实践的实效——六(9)班的学生经历"独合结合"数学探究式提升学生公式推导与应用素养之"三程""四式"的学习过程探索,很好地达成了本课学科本体和课题研究主题的相关学生"独合结合"探究式学习素养发展目标和预设的"三维"目标;再次实践的实效——六(10)班的实践改进,带来了四个方面的更好实效(不再重复)。这说明:本课两次实践的整体实效明显,这既与上述"三性"有关,也与整合实施"三程""独合结合"进行数学公式推导与应用探究式学习等"四式"举措有关。

(二)符合目标激励理论

美国管理学家洛克和休斯等提出的"目标设置理论"认为,三个因素影响目标的达成:

第一是目标难度——应把目标控制在"既有较大难度又不超出人承受能力"这一水平上。

在本课中,教师不是带着学生手把手教授测量圆周长和直径的方法,也不是让学生观看相关的视频,而是让学生课前独立预习测量方法,课上小组合作共同探究测量方法并优化测量方式。虽然目标的设定,对一部分孩子来讲是有难度的,但通过组内对比与合作,实实在在地培养了学生发现问题、分析问题并解决问题的能力;在探究圆的周长与直径的关系时,不直接让学生计算周长与直径的比值,而是让学生结合自己测量的周长与直径猜想并验证两者的数量关系,帮助学生真正体验数学公式推导的一般过程,从而实现了难度目标的跨越。

第二是目标的明确性——能够观察和测量的具体目标,可以使人明确奋斗方向,并明确自己的差距,这样才能有较好的激励作用。本课中主要探究圆的周长公式,为此将问题分解为三次探究活动:(1)探究测量圆周长的工具与方法并优化测量方法,(2)探究直径的测量方法,(3)探究周长与直径的数量关系,每一个探究环节给学生明确的目标,激励着学生一步步有层次地探究,最终得出圆的周长公式。

第三是目标的可接受性——只有当职工接受了组织目标,并与个人目标协调起来时,目标才能发挥应有的激励功能。

本课学生的"三程""独合结合"的探究式学习"四素养"和教学"三维"目标设计、具体过程中各项学习任务目标的设计,是基于很好地分析了任教学生的学情的,班级整体目标与学生个体的目标,是相协调的;设计的"三程""独合结合"的相应探究式学习任务,难度是渐进性提升的;当学生独学有困难时,是在组内合作、全班分享、相互取长补短中逐步加以完成的;再加上及时听取教师多形式的随机激励与引导,有难度的学习目标,同样也是可以被接受的。两次实践的结果也表明,圆的周长公式的学习是扎实的;"三程""独合结合"的探究式学习"四素养"也得到了切实的提升,学生学得也是较为轻松愉悦的。

(三)彰显了基于学生真实问题务实合作准备与课堂实施的价值

过去的教学中我对合作学习的认识主要是学生按小组围坐,给出一个问题让学生以小组为单位解决,教师巡视指导,然后学生全班展示就算是合作学习。在过去我教授《圆的周长》会让学生按照书本上的方法体验测量过程,让学生按照书本上的表格填写测量数据,然后计算周长与直径的比值,引入圆周率,同时向学生解释我们的测量有误差导致了计算结果并不等于 π。在此过程中,学生只是按照书本的要求体验一次,老师说有误差因此比值才不是定值,但为什么会有误差,并不需要进一步思考,被动接受书本上的知识,这样的合作学习形式大于效果。

本课同一小组测量老师提供的等圆的周长与直径,在组内合作的过程中对比同一个量的测量数据,发现测量误差,合作纠正与优化测量方法。帮助学生独立或合作发现测量有误差并进一步优化测量方式,使得圆的周长与直径的比值更加接近 π。在此过程中学生的表现是积极正向的,较之传统课堂大大激发了学生学习兴趣。这样授之以渔的教学方式更能提高教学的有效性。本节课从课堂引入以及例题的设计都围绕着班级参加学校温馨教室评比这一背景,营造一个熟悉的生活环境,让学生体会到数学源于生活又服务于生活,进一步激发学习数学兴趣。这样基于学生学习过程中的真实问题,提高小组合作的有效性,实现"教"与"学"的双赢。

(撰稿者　上海市进才实验中学徐昊)

第五章

具身学习：身体力行的实践经验

  本章内容以务实为核心，以实践目标为导向。在实作式学习中，学生在美食的实作体验中了解各国饮食文化，锻炼口语表达和交流能力，调动学习英语的积极性；在实践式学习中，将"我眼中的上海"落地实践，学生通过亲身体验，提升地理实践素养；在任务式学习中，学生在学习任务的驱动下，有条不紊地完成目标，形成科学的思维方式，养成良好的学习习惯。教师引导学生在身体力行中积累实践经验，感受独立学习与合作学习相结合的乐趣，锻炼了完成任务的能力，促进了实践出真知的习惯养成。

范式 5-1

实作式学习：在国际美食中提升英语素养

【摘要】 实作既是一种学习也是一种享受。食品实作式学习通过结合教材，以美食为载体，引导学生用独立学习与合作学习相结合的方式了解各国的饮食文化，享受自制美食的成就感，很好地调动了学生学习英语的积极性，锻炼学生口语表达能力和交流能力，提升学生独立与合作相结合地进行用英文说评的"四素养"。

新课程标准要求教学评价不仅要关注学生的知识与技能，而且要关注学生的学习过程与方法，以及学习过程中形成的良好情感态度和建立起的正确价值观。食品实作式的学习方式让学生在做中学[1]，倡导学生主动参与，通过课前、课中、课后"三程"学习单了解国际美食文化的"教、学、说、做、展、评"的基本实施过程。运用六种实施模式培养学生养成良好的学习习惯。整个教学过程以学生为中心，关注学习过程的评价，引导学生在实作中发现问题、解决问题，进行研究型学习，进而促使学生从做中获得有意义的知识，培养学生的责任意识和团队合作意识，注重学生的全面发展。

一、设计依据

（一）学情分析

初一的学生活泼好动，对探究类的学习活动尤其喜欢，预备年级的时候班级

---

[1] 杜威.民主主义与教育[M].王承绪,译.北京：人民教育出版社,1990.

举行过美食节活动,学生们非常喜欢,他们对中外的美食已有所了解,但对如何用英文来搜集国际和国内饮食文化信息并加以整理表达的素养普遍一般或较弱;很少有学生用英语与微视频来描述、摄录、分享、赏析如何亲自动手制作其他国家美食的过程。学生采用独立学习与合作学习相结合(简称"独合结合")的方式去探究国际食文化的特点、烹饪及传统的意识、知识、能力和良好的行为习惯(简称英语食文化"四素养")都还有待提高;英语水平和国内外食物烹制、交流分享与赏析评价的多元化实践(实作)素养都存在一定差异。

因此,本课拟通过课前、课堂、课后"三程"结合,实施"独合结合"的多个国家的饮食文化的种类、特点,以及不同国家美食制作过程的收集、学习、展示、分享、交流和评价等多元化实作式学习,来增进学生饮食文化之跨文化交际的意识,增长饮食文化知识,提高能力("独合结合",进行多类型国际饮食文化的种类、特点、制作过程的收集、学习、分享、赏析和评价的能力),并促进此类学习相应的良好行为习惯的初步养成。

(二) 教材分析

本课教学内容源于上海版《牛津英语》7A 第九单元的内容——International Food Festival(国际食品节),本单元围绕国际食品节的举办,教学生如何进行小报制作、学习了中、美、英、泰四个国家有代表性的食物各三个、如何用英文简单的描述英国司康饼的制作过程。在听说部分,教会学生如何用英文进行食物买卖,正确地描述钱的多少。写作部分让学生帮助 Kitty 写一封信给她的表妹 Lucy,向她介绍自己学校举办国际食品节的过程,交流自己在活动中的表现。我的这堂课作为教材内容的延伸,把课文的内容搬到现实生活中来,让学生们在实际操作过程中学习,同时让他们对各国的饮食文化做进一步的探究。主要教学任务通过落实"学习单"来完成。课前,要求班中学生分成四个学习小组,选择自己喜欢的国家食物(主要包括美国、英国、意大利、泰国、日本和中国)进行探究(独自与合作相结合收集食物名称、传统文化、选定一样食物练习制作,准备课上参与分享交流);本节课上,要求全班学生根据小组所做的国家食品进行介绍、制作展示、交流分享和评价;课后,让学生们以书面的形式用英文描述自己、本组及其他同学在整个活动过程中的表现并谈谈自己的体会,另外再尝试做一样别组的食物。通过这一活动,培养全体学生"独合结合"的英文实践式学习的意识,增长知识,提高"独合结合"进行英文介绍、边说边做和评价能力,并促进此类学习相应的良好行为习惯的初步养成。

(三) 实践依据

美食无国界,各个国家和地区都非常重视本国的饮食文化的挖掘,美食文化交流是人们喜闻乐见的活动之一,已经成为国际交流的重要平台。国际食品节活动也是进才实验中学最受学生欢迎的活动之一。这一活动最早起源于英语课上,一些老师为了调动学生的学习兴趣,将包饺子、做比萨、蛋糕、三明治等活动引入课堂,让学生们在做中学,现今已发展成全校型的、自发的迎新美食节活动。在活动过程中,学生们拓展了词汇量,拓宽了视野,提高了文化修养,增强了动手能力,激发了学习英语的兴趣,提升了英语综合运用能力。因此,很有必要继续规范地开展这方面的探索。

(四) 实施形式

其一,课前独合结合任务驱动式

包括合作选择美食主题,按照自然组进行分组,推选组内英语基础好且有一定组织能力的同学做本次活动的组长,全组共同商议本次国际食品节想要代表的国家,约定时间集体合作尝试制作所选国家的一种食物;分头进行资料的收集和准备,独自完成100字的英文作文"_____ food"(比如 American food)一篇和与国际食品节相关的英文海报一份以及亲手做一道菜,用英文简单介绍制作过程并拍摄下来;小组合作完成国际食品节本组宣传海报的制作,老师点评学生个人的海报作品,提出海报制作的要求(标题:有吸引力,大;内容:有创造力,简单明了;图片:色彩鲜艳,与主题相关),要求学生以小组为单位完成一张大的海报制作;小组合作,根据老师提供的任务单(总体介绍、PPT 制作、技艺展示、摄影摄像、资料收集)完成任务分工,同时参照评价标准对自己承担的任务进行修改和完善——从中体悟探究食文化的方法,在各自积极准备中,增强个体的责任意识。

其二,课堂合作展评式

首先在课始,组织各小组对课前合作搜集的相关饮食文化(包括传统食品介绍、代表食品的制作、就餐礼仪等),在全班做交流分享。其次,学生按照小组进行合作技艺展演。在技艺展示过程中,注意英文交际用语的表达、特色口味、观赏效果、团队合作等方面的评价要素,全组成员为了呈现最好的表演效果而共同努力,互相配合,团队合作的精神得以进一步提升。最后,组织自主与合作编排表演的评价。请一到两组同学对自己在国际食品节实践式学习中的表现进行自我评价;组长对组内同学的分工、准备、完成情况进行点评打分;组外观众对整个小组的表现进行点评打分。老师对各组同学的表现进行点评——引导学生加深对国际饮食文化的"教、学、说、做、展、评"的基本实施过程的了解和对食品文化介绍、食品制作、语言表达、海报制作、团队合作、科学评价等英文课堂活动评价标准的认识;同时,引导学生思考饮食文化的探究对促进英语口语表达能力和英语综合运用能力的提升所产生的作用,以及个人表现对团队的影响,从而增强责任意识和团队合作意识。

其三,课上合作总结+课后独自与合作反思式

课上合作总结——展示评价结束后,教师借助评价标准,引导学生对于学习内容、方法措施、表达方式、反思改进等方面进行合作总结,培养总结反思能力。课后反思——课后同学之间继续探讨交流、进行合作反思,发现自己参与创作、排练、表演和评价中的优点、不足以及改进方向;每位同学回家后,和家长交流一下自己本次活动的表现和感受,进一步提升食文化探究实践式学习"四素养"。

其四,借助信息技术式

课前,五个小组在资料和信息收集的过程中借助电脑和网络,制作小组展示介绍的PPT,借助手机或录像机拍摄食物的烹饪过程,并运用软件进行编辑,配上文字或录音对烹饪的过程进行解说,小组同学通过微信,将查找的资料互通有无,为课堂展示做准备;课上,借助电脑展示探究成果,同时,每组专门有一位同学拍摄本组的展示过程,以便课后评价的时候用。

其五,评价激励式

评价激励式具体实施如下:课前,教师在学生分组准备阶段,对每组的准备情况进行跟进指导,对表现好的小组进行鼓励,对学生们提供的个人的海报、视频、作文进行班级范围的一一点评,对好的同学进行表扬,提出修改意见和方向,让学生们在合作时更有方向性;课中,在课堂交流分享环节,对相关小组准备充分、参

与积极、交流充实和有特色等情况，进行随机表彰；在课堂展示结束后，对学生们的表现进行激励性评价，组织全体同学进行最佳介绍奖、最佳展示奖、最具创意奖、最佳口味奖、最佳色泽奖的评比，进一步激发学生们的探究与合作的热情。在课堂小结环节，引导学生合作讨论本次独立学习与合作学习相结合的英文食文化实践式学习的收获、不足和改进方向，激发学生对今后继续参与独立与合作相结合进行英文文化探究的兴趣；课后，让学生完成"三程"实践式学习活动情况评价表，对个人在课前、课中、课后"四素养"方面的表现给予自评、互评、他评等多元化的评价。

激励措施激发了学生的自信心和自尊心，提高了学生的学习兴趣、态度、动机，使得学生在"四素养"方面得到了巩固和提高。同时它可以增加师生之间的情感交流，有利于建立良好的新型师生关系。

其六，借助"三程·三单"式

本节课的教学内容通过学习单的形式呈现。课前，学生先根据学习单自查自己在Food短文写作、英语小报制作、微视频制作、课堂交流准备四个学习任务的完成情况和完成效果，给自己打分，将自己的自查结果给组长，由组长汇总并完成汇总报告；课上，在分享环节，要求学生边听边把不会的单词记录下来，教师引导学生根据学习单上的评价标准进行点评；课后，要求学生将本节课的总结反思内容填写在学习单上，以此促进此类学习相应的良好行为习惯的初步养成。

二、教学目标

1. 能够用英文流畅地描述一种食物的烹饪过程，能从文化的视野解读2个以上国家饮食的不同特点，掌握英文海报制作的基本要素、初步掌握根据评价标准进行个人、组内、组间等多元的评价，并进行总结反思。

2. 掌握实作式的基本方法，能够独立查找资料、选择美食主题、制作美食、用英文撰写介绍词；在小组活动中承担一定的任务，参与海报制作、实际操作、视频制作等；对收集来的资料进行整合，参照评价标准对自己承担的任务进行反复揣摩和修改。初步养成"独合结合"的学习习惯。

3. 能够意识到饮食文化在跨文化交际过程中的作用，培养文明用餐的习惯；

学会独立思考与团队合作,进而增强个体的责任意识和团队合作意识;促进养成用英语进行思维、交流的习惯。

三、实践过程

本课以课前收集、制作,课堂展示、分享、评价、小结,课后评价、反思的"三程"结合,整合实施基于"独合结合"的食品实作式学习的"六式",来提升学生食文化相关的意识、知识、能力和良好行为习惯的"四素养",进而促进学生提升英语学习整体素养和其他相关素养作为总体设计思路。

落实安排,概述如下:

(一)课前准备

教师:制定好课前学习任务单,帮助学生进行分组,推选组内英语基础好且有一定组织能力的同学做本次活动的组长,督促和检查学生课前任务单的完成情况。

学生:看懂学习任务单,参与确定本组将探究的美食主题,商议本次国际食品节本组想要代表的国家,约定合作尝试制作所选国家某种食物的时间,分头进行资料的收集和准备。独立完成80字的英文作文"_____ food"一篇;与国际食品节相关的英文海报一份;亲手做一道菜,用英文简单介绍制作过程并拍摄下来。小组合作完成国际食品节本组宣传海报的制作。根据老师提供的任务单完成任务分工、制作PPT、完成介绍词的撰写和技艺展示食材的准备。

【意图】通过课前的准备,引导学生在独立学习与合作学习过程中学会基本的饮食文化知识、动手能力,增强团队合作意识,培养课前预习的良好习惯。

(二)导入新课

教师:展示各国美食的图片,让学生们猜是哪国美食。介绍国际食品节活动课的任务和要求,展示课前学习任务单,让各小组自查是否都已完成。复习英文海报制作所需要注意的三要素(标题是否醒目并具有吸引力;内容是否完整、清晰、有创意;图片是否与主题匹配、美观)并组织各组互评海报。

学生：学生分成五组，以小组为单位就坐。在组长的带领下检查组内成员课前学习任务单的完成情况。听老师讲国际食品节活动课的任务和要求，根据海报制作的评分标准进行自评和互评，组长汇报各组的完成情况。

【意图】掌握英文海报制作的基本要素、学会根据评价标准进行个人、组内、组间等多元的评价，通过评价增强学生的预习意识。

（三）食文化探究成果展示

教师：介绍探究成果展示的规则：每个组的介绍时间不超过三分钟，内容要包括该国的饮食文化介绍和一种有代表性的美食的制作视频展示。倾听学生的演讲，作随机评价。

学生：各小组按顺序进行美国、意大利、日本、泰国和中国食文化的探究成果的介绍。认真观看其他组的展示。

【意图】培养学生用"独合结合"的方式去探究国际美食的文化特点和烹饪方法。领略异国文化，加强学生们对各国美食文化的认识。

（四）食品制作展示

教师：请同学们现场展示烹饪技艺，注意观察可以完善的地方。

学生：小组合作现场制作食物，并将食物摆盘呈现供大家品尝。各组之间互相品尝美食，交流食物的制作过程，包括向同学介绍和宣传自己组制作的食物，了解自己感兴趣的食物的烹饪过程，时间约十分钟。

【意图】活跃班级文化氛围，提高学生们的主人翁意识，增强学生们的沟通交流与动手能力。

（五）交流评价

教师：借助PPT，对国际美食文化探究多元化的评价标准进行介绍。观察学生们的课堂表现，维持现场的秩序，组织评选工作。宣布"最佳介绍奖、最佳展示奖、最具创意奖、最佳口味奖、最佳色泽奖"的评选结果。挑选两个组的代表谈获奖感言，并对整个活动进行评价。

学生：用五分钟的时间品尝各组的美食，并将自己手中红、黄、蓝、绿、紫五张代表各组颜色的选票贴到"最佳介绍奖、最佳展示奖、最具创意奖、最佳口味奖、最佳色泽奖"的下面。

【意图】锻炼全体学生根据标准点评英文课堂活动情况的能力、培养对自己的学习情况进行评价、反思和改进的意识。

（六）课堂自主小结

教师：发放课堂自主小结引导与记录单。挑选1—2个组到讲台上，参照评价标准，对自己在英文食文化探究学习过程中的课前和课堂表现进行个人评价和组内评价。请其他组的成员，对这个组的表现进行评价。教师进行随机激励和引导完善。

学生：对在本次实作式学习中的表现进行自我评价，并进行反思；相关小组成员到讲台处，按要求进行自评和组内互评；其他组成员作为观众，对该组在国际美食节上的表现进行点评。

【意图】培养学生根据评价标准，进行个人、组内、组间等对课前参与国际美食节的准备，课中小组汇报、展示和课后独自与合作反思等情况，进行多元评价的能力；巩固所学知识；增进独立与合作相结合进行英文美食文化探究"三程"学习的兴趣。

（七）课后反思

教师：通过PPT告诉学生课后任务，发放课后学习任务单。挑选部分学生的体会张贴在班级的展示栏中。

学生：同学之间继续交流自己在烹饪和探究学习中的收获，反思可以改进的地方，在课后体会中写出来。

【意图】培养学生进行实作式学习反思、改进的能力，增进学习反思、改进意识。

四、意义揭示

（一）彰显了食品实作式学习在提升学生食文化素养方面的独特价值

在传统的教学中，教师一直是教学的中心，学生多维被动地接受学习。要改变这种状况,就必须摆脱创通英语教学的束缚,探索学生的综合语言运用能力,使语言学习的过程成为学生形成积极的情感、主动思维和大胆实践的过程。

第一,学生的主体性得到更好的体现。本堂关于国际食品节的英文课,教师运用实作式的方法,让学生从学习者转变成参与者,通过课前、课堂、课后"三程"结合,实施"独合结合"的多个国家的饮食文化的种类、特点、制作过程的收集、学习、展示、分享和交流。在这一过程中,学生自主选择交流的主题,自己安排合作的时间,根据个体差异进行分工与合作,充分突出了学生的主体地位。

第二,跨学科的综合性得到了体现。本节课虽然是英语课,但牵涉到文化、历史、烹饪等多门学科的知识。学生要想把自己感兴趣的美食介绍给别人,不仅要用英文说出来,还要做出来。要说清楚美食与文化之间的联系,他们就必须去了解各国的不同文化背景知识。把这些知识整合在一起,形成自己的特色,才能在竞争中取胜。整个实作活动增进了学生食文化之跨文化交际的意识,增长了食文化知识,提高了跨学科的综合实践能力。

第三,教学实践非常有针对性。整个过程历经了设计、专家指导、现场观摩、集体讨论、提出改进建议、二次设计、集体反思等一系列有针对性的教学改进实践,一步一个脚印。特别是第二次实践是针对第一次实践提出的改进进行的。旨在运用食品实作式提高课堂教学的效果,培养学生良好的学习习惯。

食品实作式的英语学习顺应教学改革以学生为中心、关注学习过程、重视学生情绪体验的一种新的学习方式。教师要转变教学方法,下放主动权,创设问题情景,进行启发教学、研讨教学,引导学生在实践中发现问题、解决问题,进行研究型学习,进而促使学生从做中获得有意义的知识,培养学生的情感,注重学生的全面发展。

(二)较好地落实了培养学生英语学科核心素养的精神

新的课程标准将英语学科核心素养归纳为语言能力、文化品格、思维品质和学习能力四个方面。[①] 本课教学通过两次实践、创设真实情境给学生提供了很多

---

① 程晓堂,赵思奇.英语学科核心素养的实质内涵是什么?[J].课程·教材·教法,2016(5):79—86.

锻炼英语口语的机会，提高了学生的学习兴趣和运用语言思维的能力。在搜索资料和互相学习的过程中也学到了很多的词汇，这些帮助学生提高了语言能力。在教师的引导下，学生学习了大量的关于饮食文化的知识，学生们通过查找资料与合作展示，增进了他们的国际理解能力和跨文化交际意识。在独立学习与合作学习的过程中，要求学生先用英文独立思考再交流讨论，丰富了学生的思维方式，进一步促进了学生思维能力的发展。运用"三程"式学习单和六种教学模式培养学生养成良好的学习习惯，从而帮助他们形成学习英语的能力，为可持续学习创造有利条件。

在未来的英语教学实践中，如何将语言交流目标、思维认知目标和社会文化目标有机地融合在一个教学活动中将是我们落实英语核心素养培养的关键所在。

（三）独立学习与合作学习的及时性、多元性、开放性评价真正实现了评价促发展功能

在总课题评价体系的指导下，研制了本课例的"国际美食文化'独合结合''三程'实践式学习活动情况评价标准"，"国际美食节'三程'实践式学习单（课前'先独后合'学习单、课堂自主小结引导与记录单、课后'独合结合'学习单），利用评价标准对实践研究的过程和结果作出科学、客观地评估。

首先，教学过程中利用"三程"式学习单对学生课前、课中、课后的学习情况进行了及时的评价。评价本身成为了学习活动的一个环节，通过这一环节一步一步把学习活动向前推进，并且帮助学生及时发现问题并进行调整和完善。学生自己和同伴可以对自己的学习作出反馈，从而改进学习方法和进程。

其次，引导学生从多个角度去评价，对学生"四素养"方面的表现给予自评、互评、他评等多元化的评价。同时，教师对学生的评价不再是看学习的结果，更要关注学生的学习过程，在过程中搜集有用信息，运用发展性的评价理念，把形成性评价与总结性评价有机结合，把量化评价与质性评价结合起来，提高了学校教育教学的有效性，实现了学生真实、真正的发展。

再次，评价量表中的特色加分鼓励学生能有一些创新的想法产生，弥补了评价量表中一些考虑不周的地方，让评价具有了开放性的特征。

（撰稿者：上海市进才实验中学徐琳）

范式 5-2

任务式学习:感受城市发展　培养乡土情怀

【摘要】"任务式学习"也叫"任务驱动式学习",这是近年来学校校本研修的主题,同时也作为支援上海市进才实验中学"基于独立学习与合作学习相结合的教与学方式研究"区级课题研究的一种学习方式,积极参与实践研究。学生课前、课堂、课后,围绕"我眼中的上海"开展小课题探究。在实践中,通过任务驱动,学生带着目标进行独立和合作学习,提升地理实践素养;在课堂教学中,深深感受到任务驱动式教学,能使学生积极投入课堂,提升课堂效益。

《义务教育地理课程标准》(2011 版)中提出"学习对生活有用的地理""学习对终身发展有用的地理""关注实践与应用的地理"的课程理念,并明确指出:着眼学生创新意识和实践能力的培养,地理课程充分重视校内外课程资源的开发利用,拓展学习空间,注重多种地理学习方式,鼓励学生自主学习、合作交流、积极探索。对于乡土地理的学习,课标指出:学生可以通过收集身边的材料,运用掌握的地理知识和技能,进行以环境与发展问题为中心的探究性学习活动。因此,本文以"我眼中的上海——上海市乡土地理"作为案例,从课标要求出发,本着发现和学习身边的地理,用所学的知识为生活服务的课改精神,丰富学生的地理学习经历,感受城市的发展变化,培育乡土情怀,尤其培养学生地理实践的相应意识、知识和能力。在教学过程中,通过任务驱动式学习,开展形式多样的独立学习与合作学习的地理实践活动。

一、设计依据

（一）学情分析

在本节编者所任教的初一年级的学生中，上海本地生与外省市随迁子女人数大致对半。他们除跟随学校春秋游去过鲁迅公园、科技馆、世纪公园、上海迪士尼乐园等外，很少跟随父母去过上海的各大文化旅游展馆等社会实践基地，对上海市乡土地理知识了解不够。在预备年级学习地图基础知识时，曾结合上海迪士尼乐园如何去、怎样根据迪士尼乐园示意图进行游园，独立与小组合作相结合，开展过小课题探究活动，同学们对独立学习和合作学习相结合（以下简称"独合结合"）的地理实践活动，有了一定的经历，但地理"独合结合"户外考察、社会调查、课上观察、模拟实践体验等地理实践能力，总体比较缺乏，还需要加以培养。

（二）教材分析

本课教材源于上海教育出版社2019年版的《上海市乡土地理》。鉴于上海市乡土地理教材内容的相关信息，往往滞后于现实变化，上海城市建设的日新月异，尤其是一些统计数据，每年的差距都很大。依据教学基本要求及学情，我们自编学习材料进行教学设计，具体结构如下：课前——独立进行户外考察、社会调查、地理图表分析能力；课堂——"独合结合"观察视频信息、小课题探究成果交流与评价、合作总结全课所学与体会能力；课后——收集、梳理、概括交流与评价上海旅游信息等地理实践能力。通过学习任务驱动，采用设计实施小课题探究活动，以教师自编的课前、课堂与课后"三程"学习单的形式呈现（发给学生）。

自编教材的重点：上海地理位置的重要性，上海城市的发展条件和发展现状；难点：能综合利用各种图文资料从气候、地形、水文等地理特征，分析了解上海的历史文化传统，掌握上海的自然条件，了解上海的城市职能和未来发展方向。学习过程是关注上海市的时事动态；通过报纸杂志、电视广播、相关网站等途径来获取信息；通过观察、调查等实践活动，认识上海的城市特征和城市发展，认识家庭、学校所在区的特征及其发展，交流、分享家乡发展的成果。其教育价值是丰富地理学习经历，感受城市让生活更美好；增强参与意识，培养乡土情怀。开展"我眼中的上海"地理实践主题活动,通过自主、合作、探究的学习方式,让学生在活动中全面提高地理素养,培养学生主动探究、团结合作、勇于创新的精神。

二、教学目标

1. 了解上海的位置、面积及自然环境特征,并能对上海的位置作出简要评价,增进自然条件与发展经济紧密相关的认识;了解上海的历史文化传统;了解上海的城市职能和未来发展方向;了解地理实践素养(相应的意识、能力和良好行为习惯)培养目标和实践性目标"三程""独合结合"地理实践探究任务驱动式学习素养(相应的意识、能力和良好行为习惯),目的是增进对提升地理实践探究任务学习式素养的价值认识。

2. 在经历"三程""独合结合"地理实践探究任务驱动式学习素养目标引导下,整合实施"三程""独合结合"实践探究任务驱动式、完成 12 项(课前 3 项、课堂 6 项、课后 3 项,具体见"实践过程")地理实践探究任务的过程,提升相关"三程""独合结合"地理实践能力,体悟"三程""独合结合"实践探究任务驱动式等所蕴含的学习方式方法。

3. 增强学生读图兴趣,感受地理图表的生活意义;初步认识自然条件与发展经济的紧密关系,感受上海改革开放以来城市面貌的巨大变化,进一步增强爱国爱乡之情;增进"三程""独合结合"整合实施实践探究任务驱动式进行地理学习的兴趣。

三、实践过程

本课在教师引导下,根据理清的学生地理实践素养和"三程""独合结合"地理实践探究任务驱动式学习素养,学生经历整合实施"独合结合"实践探究任务驱动式,完成 12 项(课前 3 项、课堂 6 项、课后 3 项,具体见下)地理实践探究任务的过程,增进相关"独合结合"地理实践意识、拓展地理实践知识、提升地理实践能力和良好地理实践行为习惯"四素养"的养成,作为教学的思路。

学生根据教师设计的课前、课堂与课后学习单,完成"独合结合"12 项探究实践任务,有机培养相应的地理实践探究素养。

(一) 课前任务先导,增强动手能力和团队合作意识

第一,建立小组,合理分工,制定考察计划

教师依据教学目标和学情设计三项任务,请学生模拟"我当某某家"(历史学家、旅行家、企业家)任务——第一项:我当历史学家——探寻城隍庙豫园,圈划上海老城厢地区位置,探究老城厢为什么是上海的城市之根、发展之源、文化之脉;第二项:我当旅行家——外滩有哪些著名历史建筑?为何被称为"万国建筑博览群";第三项:我当企业家——在上海自贸区开办企业,可以享受哪些优惠政策?培养学生地理实践能力,激发学生的表达欲望和爱家乡生活的情感。

为使探究任务有的放矢,首先,组织学生合作搜索并讨论上海的位置、面积及自然环境特征,并能对上海的位置作出简要评价,完成课前学习单。其次,学生自由进行分组,独立选择3项模拟"我当某某家"(历史学家、旅行家、企业家)任务,再按类别进行分类。请学生利用双休日完成小课题探究任务。目的是培养学生小组合作收集特定信息(模拟"我当某某家,发现'我眼中的上海'")、进行讨论、梳理、概括的信息整理类等地理实践能力,激发学生的表达欲望和爱家乡生活的情感。

教师先借由上海城市宣传片导入本课活动主题。反馈课前小组合作探究实践学习任务:学生分为七组,逐一展示小组合作模拟"我当某某家"的小课题探究实践报告;其他小组在台上展示时,其余小组要做相应的记录与评分。其次,待各小组完成展示之后,通过组内讨论,每组评选出两组最佳作品并阐述理由;再次,学生反思、小结个人在本次展示活动中的收获与感想;最后,教师鼓励学生根据评价标准进行评价来促进学生良好预习习惯养成;锻炼小组合作展示、交流、评价课前小组合作收集处理的特定信息的能力。

第二,巧用地图,圈划方位,比对图文与实地

教师安排学生小组合作从网上查找上海自贸区的空间布局、上海老城厢的空间方位及其历史沿革、临港新城洋山深水港作为上海对外贸易港口的发展变化信息,锻炼合作收集指定信息、进行筛选能力和增进爱家乡的情怀。

第三,整理收集材料,形成探究问题报告

围绕收集的"我当某某家"(历史学家、旅行家、企业家)的材料,分别进行主题

整理，从在哪里、有什么、为什么、怎么样，围绕主题撰写小课题探究报告，并完成PPT制作，培养学生地理实践能力，激发学生的表达欲望和爱家乡生活的情感。

（二）课堂拓展学习空间，创设交流学习平台

第一，观视频，摄影家眼中的上海，比对探究任务"我眼中的上海"

课始创设情境，提高学生完成课堂实践探究任务的兴趣。组织学生观看教师播放的"摄影家眼中的上海"视频短片、"上海名字的由来"、航拍中国"豫园"、"万国建筑博览群"的介绍、"洋山深水港码头的科技创新"视频，帮助学生直观了解上海的昨天、今天和未来的变化，理解探究主题认识城市的特征和城市发展；锻炼独立观察视频从中收集信息能力，增进学习兴趣。

老师：多媒体出示中国旅游精品示范路的评选结果——口头说明：上海要以更大的力度改革开放，塑造城市制度高地、环境高地，让制度环境上的比较优势，吸引多路资源，开辟新时代上海改革开放的新境界。

【意图】创设问题情境引出探究任务主题，激发"独合结合"完成课堂探究实践任务兴趣；组织学生独立观看两个微视频、独立完成相应地理信息收集任务，锻炼自主观察视频资料收集、梳理和概括特定地理信息实践能力。

第二，组织独立完成观看、收集微课特定地理信息任务（一）

老师：借助多媒体出示微课《上海的名字是怎样得来的呢？》，要求学生了解上海城市演变发展的位置和范围，探究上海从古至今地理交通位置的重要性；明白上海自身发展的路径和自信。

学生：自主听、思、忆、内化，了解上海是因水而生、依港而兴的城市。

老师：上海的优势有哪些呢？引导学生自主听、思、忆，参与回答；

老师也要注意倾听和随机激励与引导，使学生内化以下认识：上海老城厢地区是上海的城市之根、发展之源、文化之脉。

第三，组织独立完成观看、收集微课特定地理信息任务（二）

老师：借助多媒体出示视频《上海港——中国最大的进出口贸易港》，注意感受科技创新带来的力量，引导学生自主听、思、忆、内化。

【意图】该过程锻炼学生根据教师要求，自主观察视频信息，进行有效观察、收集、梳理和概括特定地理信息的实践能力。

第四，交流展示，小组合作完成"我当某某家"PPT，进行展示

根据小组合作评价标准，对其他小组同学分享的"我当某某家"地理实践探究写报告，以小组为单位进行评价，培养学生小组合作评价实践力，增进地理学习的兴趣。课后（含下次课始）：学生以小组为单位，根据评价标准，对独立完成的课后收集、梳理、概括、交流的上海旅游资源信息、实践探究任务的完成情况进行互评，对同伴分享的内容存在的问题提出建议，提升合作评价素养，增进及时、高质量地完成特定地理旅游资源信息收集、梳理、概括、交流、评价等实践探究任务的意识。

学生能独立完成 2 项观看视频任务，锻炼独立观察、收集、概括视频所反映的特定地理信息能力；完成小组合作交流、评价 3 项上海地理小课题探究报告实践任务，锻炼地理小课题探究成果概括、交流、评价和反思能力；完成合作小结全课所学、体验任务，增进课堂合作总结意识和锻炼合作总结能力。

【意图】组织 3 项实践探究小课题（"我当某某家"）交流与合作评价，强化"独合结合"户外考察、社会调查、地理图表分析、小课题实践探究成果总结、展示、交流与评价能力，增进爱家乡情怀和学习的兴趣。

学生：借助多媒体，交流课前自主实践探究成果（一）——外滩旁建筑为何称为"万国建筑博览群"，参与合作评价。

学生：说说课前自主实践探究成果（二）——"我眼中的上海"，感受"城市让生活更美好"。涉及的交流内容，主要包括：一方面，从"进博会"等新闻材料，了解上海将建成国际经济、金融、贸易、航运、科技创新中心，感受上海的"高度"和"速度"，感受上海城市发展与城市精神；感受需要以提升城市能级和核心竞争力，打造全球重要枢纽节点城市的愿景来规划上海的城市发展。另一方面，学生听、记，教师在课堂上讲述：习近平主席 2019 年 11 月考察上海时指出，上海要强化全球资源配置、科技创新策源、高端产业引领、开放枢纽门户功能，把上海作为世界观察中国的重要窗口。

学生：交流课前自主实践探究成果（三）——上海"文化是旅游之魂"的理由，重点关注"这里是上海——大美魔都　品质上海"旅游品质的理解和掌握。

老师在上述过程中，注意倾听学生对小课题实践探究成果展示交流与合作评价的情况，作随机激励与引导，使学生注意听取教师随机激励与引导，内化。

【意图】该过程强化学生"独合结合"进行户外考察、社会调查、地理图表分

析、小课题探究成果总结、展示交流与评价能力；进一步感受上海发展的"高度"和"速度"，感受上海城市发展与城市精神，增进爱家乡情怀；增进学生学习地理的兴趣。

第五，小组评价，反思可以改进的地方

在小黑板讨论区进行投票评选，完成填写个人自我评价表和小组评价表，鼓励同学间相互评价留言，挑选代表谈论学习体会，教师对学生的表现进行点评。

课上(包括下次课始)，对学生在参与课前、课堂与课后完成12项"独合结合"实践探究任务中的参与积极性、完成高效和质量高等表现，进行及时激励评价，激发学生参与热情，促进提升相应的"三程""独合结合"地理实践素养，增进这样学习地理的兴趣。

（三）课后完善拓展学习活动及时评价小结

环节一：课后独立完成梳理上海文化旅游资源任务，下次课参与交流、小组合作评价，锻炼独立收集、梳理、概括上海旅游资源和交流、合作评价能力，促进良好作业习惯养成。

老师：多媒体出示以下3项课后实践探究任务。课后，独立完成梳理上海旅游资源、完成报告(字数400—500字，需图文结合)；下次课前，在合作小组内，进行初步交流与评价；下次课上，相关小组的代表，参与全班交流；小组成员进行合作评价。

学生：听、记、忆，根据要求，逐步完成3项上海旅游信息收集、梳理、概括、小组交流与评价任务；并听取同学交流和小组评价情况，听取教师随机激励与引导——自主内化。

【意图】该过程锻炼学生独立收集、梳理、概括上海旅游资源，参与小组交流、合作评价能力；促进"独合结合"及时完成课后地理学习任务良好习惯养成；增进及时、高质地完成特定地理旅游资源信息收集、梳理、概括、交流、评价类探究实践任务的意识和继续努力学习的兴趣。

环节二：组织小组合作小结全课所学和体会，培养小结意识和锻炼进行全课小结能力。

老师：说明小结要求；组织学生进行合作小结，先在组内交流；再在全班抽取代表进行交流,学生根据要求,自主参与小组小结和交流所学内容、认识和个性化学习体会、经验与方法等;被叫学生参与全班交流,其余听、思、忆、内化。

老师需注意倾听,作随机激励与引导,让学生敢于展示、交流与评价;能够"独合结合"进行正确、全面总结和交流。借助多媒体、板书和口头说明,强调:上海的"三大优势"(功能优势、开放优势、综合优势)、发展策略与路径——我们上海城市建设吃改革饭、走开放路、打创新牌,是城市发展的策略;必须走"坚定不移、毫不动摇、持之以恒"的路径。

【意图】该过程培养学生"独合结合"对全课所学进行及时小结的意识;锻炼实际进行小结的探究实践能力;促进及时对全课所学进行小结的良好行为习惯养成。

五、意义揭示

(一)通过探索"三程""独合结合"的实践探究任务驱动式学习等"五式",校内和校外两种资源有机结合,学生在思想上更加重视地理实践活动的开展

开展课前户外实地调查研究活动,以及网上收集"我当某某家"的探究任务,实际上是把校内和校外两种资源有机结合起来进行学习,较好地培养了学生的地理实践素养。这种能力,不仅是对地理知识的运用能力、动手能力、操作与调查能力,更是一种习惯和素养——有助于学生形成求真的科学精神和态度。可见,"三程""独合结合"的地理实践探究任务驱动教与学方式,校内和校外两种资源有机结合,可以使学生在思想上更加重视地理实践活动的开展,进而促进地理实践素养的提升,有利于求真的科学精神和态度的逐步养成。这是需要继续加以探索的。

(二)通过探索"三程""独合结合"的实践探究任务驱动式学习等"五式",有助于提升学生的地理实践任务驱动式学习的行动意识和行为能力

"三程""独合结合"十二项地理实践探究任务驱动的教与学方式,通过让学生广泛地利用图书馆、博物馆、展览馆、科技馆等社会资源及丰富的自然资源,为学

生的地理观察、调查、考察、访谈等实践活动提供广阔的平台。学生在活动中，能更好地在真实情景中观察和感悟地理知识及其人类活动的关系，增强以地理学科的综合视角来认识现实生活中的复杂现象和问题，能把理论知识运用到实践中，学会积极实践、体验、总结、展示、交流、评价、反思，在任务驱动下，提高学生的地理学科实践素养。这样，一方面可以为课堂教学提供学生的体验性素材，为书本理论知识提供有力的支持材料和证据；另一方面，有助于提升学生的地理实践任务驱动的行动意识和行为能力。若能长期坚持，也有利于学生综合思维能力、创新能力的提升以及精神情感的丰富。

（三）通过探索"三程""独合结合"的实践探究任务驱动式学习等"五式"，有助提升教师自身的科研素养和教与学的改进

　　本人在该课的探索过程中，积极参加上海市进才实验中学有关课题推进报告会、暑期校本研修，多次聆听浦东教育发展研究院资深科研员曹明老师对课题的指导，尤其是关于课题研究课的设计与课例撰写的报告分享、观摩老师们的公开研究课等。自己也选定研究主题，积极开设题为《"独合结合"地理实施任务驱动等"五式"提升学生地理实践素养——拓展课"上海市乡土地理·我眼中的上海"》公开研究课，并撰写该课例，在此过程中，得到了专家多次面询指导和悉心帮助，受益匪浅。

　　尤其是，自己对教学研究课如何确定研究主题、依据研究主题，写清学情、课标和教材分析、课题研究、教学目标，设计恰当的"三程""独合结合"学习任务单，合理设计教学环节、师生对应活动和课题研究指向、指导学生实施课前调查研究、如何引入恰当的网络资源进行课堂分享、如何随机激励学生等方面，有了较清晰的认知和较规范的实践，提升了科研实践能力，体悟到了学生地理学科核心素养的培养，需要有机与研究主题紧密结合融入"三程""独合结合"的教学实践。只有这样，才能适应新时代的教学改革，切实提升学生的核心素养。

（撰稿人：上海市进才实验中学南校董训跃）

任务式学习：多重任务中提升生命科学素养

【摘要】课堂内外，教师根据具体的教学内容和教学目标，设计不同的学习任务。学生在教师设计的学习任务驱动下，有条不紊地完成学习目标。不断提升独立学习与合作学习的能力。同时，增强对生物概念的理解能力，逐步形成科学的思维方式，养成良好的思考习惯。

一、设计依据

（一）学情分析

初二（1）班学生的生命科学学习能力处于年级较好的水平，但是弱于学校大多数的同年级学生。他们对于生命科学概念的建立相对困难，对生命科学概念理解不透彻，或是生命科学概念建立后不能灵活应用。学生独立学习和合作学习相结合（简称"独合结合"）完成相关生命科学课内外学习任务的经历较为丰富。

基于以上学情，本课设计为——以课前、课堂、课后"三程"为基础，并结合整合实施基于"独合结合"的任务驱动式学习等"四式"，以此来锻炼、提升学生对于生命科学概念理解的素养。即课前，布置学生独立收集有关草原的图片；课上，以教师引导下的学生"独合结合"的情境和任务驱动式学习为主，结合信息技术整合式、具体—抽象过渡式与随机激励式学习，完成本节课的教学内容，重点理解本节课的生物学概念;课后,小组合作继续完成拓展作业,加深对于概念的理解和应用,继续锻炼学生独立学习和合作学习的相关能力和良好行为习惯。

(二) 课标分析

上海教育出版社 2004 年出版的《上海市中学生命科学课程标准》(简称课标)指出,初中阶段的自然科学学习要增强孩子的好奇心,养成主动探究的习惯;严谨务实,尊重自然规律,敢于说出自己的见解;初步理解基本的科学概念和原理,对自然界的全貌有一个初步、整体的了解;能用比较准确的科学语言发表观点和展开交流,养成积极合作的态度;初步理解和关注科学、技术与社会的关系,有社会可持续发展的意识;保护自然,珍爱生命,具有社会责任感。由此可见,课标注重学生对于生命科学概念的理解和应用,特别关注人与自然的和谐相处。课标倡导学生的"独合结合"的学习方式,提倡学习的自主性、探究性、合作性。同时,课标也指出,要大力推广信息技术的应用。

课标对"生物与环境"下"种群的数量变化及其应用"的学习水平要求为 B 级。即初步掌握学习内容的由来、意义和主要特征,并能运用、分析、解决简单的实际问题。

本课拟以课前、课堂、课后"三程",结合学习任务驱动式学习等"四式",通过信息技术整合,布置个人学习任务和小组学习任务,加强学生独立学习和合作学习的能力,并强化学生对于本节课涉及的生命科学概念的理解,应用于实际生产生活中去,是符合课程标准 B 级的要求和相关精神的。

(三) 教材分析

本课内容出自上海教育出版社出版的八年级第二册第五章第 1 节"生命与环境"第三标题:种群的数量变化规律及其应用。教材一共分三个部分展开:什么是种群、种群的数量变化规律、种群数量变化规律的应用。

第一部分:什么是种群,是重要概念的学习和掌握;第二部分:种群数量的变化规律涉及"J"型个体生长曲线和"S"型个体生长曲线两条重要曲线的识别、理解和掌握——这也是学生不易掌握的知识重难点;第三部分:种群数量变化规律的应用,是对前面涉及的重要概念的应用,与生产生活紧密相连,也是考察学生学习能力、分析能力的重要环节。

由此可见,教材的内容与编排,是基本适合组织学生进行独立学习与小组合作性学习加以完成的。鉴于理解和结合实际应用种群数量的变化规律具有一定的难度,所以,学习过程需要向前延伸、向后拓展,并以"独合结合"的学习任务串联"三程"的学习,结合信息技术,本节课通过一系列的"独合结合"的学习任务驱动式学习,提升学生对概念理解的素养,加深对概念的实际应用能力,也能提升学生的学习兴趣和信心。

二、教学目标

1. 100%的学生能理解种群的概念,并能识别 J 型曲线和 S 型曲线;85%左右的学生,能理解种群数量的变化规律产生的主要原因;50%左右的学生,能说明种群变化规律在生产实践活动的指导意义;30%左右的学生,能在课后主动收集资料完善种群变化规律对生产生活的影响。

2. 课前:教师需要设计一个呼伦贝尔草原的美丽景色作为情境引入,邀请学生共同参与。学生经历收集与呼伦贝尔草原相关的图片、视频、音效等资料的过程,从而锻炼独立收集、筛选网络资料的能力,间接参与教学情境的设计,增强了学习新课的兴趣和动力。同时为课前学习做好准备。

课堂:经历"独合结合"的生命科学学习任务驱动式等"四式"的学习过程,提升概念理解素养;根据数据绘出种群 J 型曲线并理解生物种群数量在自然界的变化规律,提升数据归纳分析的能力;通过教师提问与分组讨论进一步认识种群 S 型曲线在生产实践中的应用。具体步骤如下:

(1) 情境导入。伴随歌声,欣赏呼伦贝尔草原的图片,并回答:你看到了些什么生物?为种群概念的引入做好准备,并通过"独合结合"学习任务驱动式完成种群概念的学习。同时,提升学生概念理解的素养。

(2) 学习任务驱动式学习一:根据种群的概念,独立完成种群概念的辨析题(6 小题),加深学生对于概念的理解,培养学生独立思考的能力。

(3) 学习任务驱动式学习二:小组讨论举一个种群的实例,增强学生合作学习的能力。

（4）学习任务驱动式学习三：独立默背种群概念，加深概念的记忆。

（5）学习任务驱动式学习四：经过独立观察和分析教师提供的羊群数量变化值，独立在坐标图中绘制种群数量变化J型曲线。培养学生独立归纳数据、总结图形的学习能力。

（6）学习任务驱动式学习五：小组合作进行进一步的深入归纳和讨论，在J型曲线的基础上绘制种群数量变化S型曲线。

（7）讨论并理解种群数量变化规律S型曲线在农业生产中的应用。

课后：收集更多种群数量变化规律S型曲线在生产生活中应用的实例。

3. 通过独立学习与合作学习相结合，学习任务驱动的学习方法，完成种群概念的获得、学习种群数量变化规律及其应用。通过学习任务驱动式的学习去理解概念，在这样的学习过程中体验生物概念学习的技巧，体验科学研究的过程，感受科学研究的意义。

三、实践过程

本课以课前、课堂、课后"三程"结合实施基于独立学习与合作学习相结合的学习任务驱动式等"四式"，来提升学生"独合结合"对于生命科学种群概念的理解的意识、相关能力和良好行为习惯"三素养"，作为总体设计思路。

落实安排，概述如下：

（一）导入新课

教师：(1)借助多媒体播放呼伦贝尔草原(简称草原)风景(包含相关牛、羊等生物和人群)，要求学生独立观看，注意相关生物；(2)播放音乐和草原中出现过的相关生物照片。

学生：独立观、听，欣赏美丽的呼伦贝尔草原，重点留意图片中出现的各种生物。

【意图】锻炼学生独立观察、收集视频和照片信息能力；激发后续学习种群概念的兴趣。

(二) 种群概念新授

教师：首先组织学生独立思考草原的生物组成：你们看到了哪些生物？

教师描述：绵羊在呼伦贝尔草原一起觅食、相互联系、共同生活、生息繁衍，他们形成了一个有机整体，后代的遗传性状保持着稳定。叙述种群概念：在一定区域内同种生物个体的总和，继续阐述：同种生物不同地域（生殖隔离）及不同种生物之间（生殖隔离）；强调：种群是物种的具体单位、繁殖单位、进化单位；其次组织学生独立完成判断任务，并作随机激励与引导：下列生物是否属于一个种群：一个池塘所有的鲫鱼（ ）；一个池塘中的全部鱼（ ）；世界上的全部鸟（ ）一个岛上的全部绵羊（ ）；一片草地上的全部蒲公英（ ）；某人肠道内的所有大肠杆菌（ ）；再次组织小组讨论，说出一条种群的实例；最后请同学独立复述种群概念。

学生：独立思考，回答老师的问题：在呼伦贝尔草原，我们能看到：羊群、牛群、人群等生物；独立观、听、思，进行判断，听取随机激励与引导，内化；听、思、忆，参与小组讨论，参与举例。如：学生 A 举例：一片森林中全部的老虎；学生 B 举例：某小区全部的野猫；独立思考、默背种群概念。

【意图】锻炼学生独立观察、答疑和判断的能力，加深对种群概念的理解；锻炼学生合作学习的意识；强化对种群概念理解、举例说明和默记能力。

(三) 种群数量变化规律新授

教师：多媒体呈现以下种群生长信息：巴扎叔叔在草原上拥有 20 只小绵羊（一个种群），并在五年里持续增长的文字（案例具体内容略）。

教师：请学生独立思考、尝试完成：将文字信息转化为表格数据，再绘制成坐标图形，并分析图表：哪一段绵羊数目增长最慢，为什么？哪一段绵羊数目增长最快，为什么？

教师：借助多媒体和口头说明组织交流；注意倾听和随机激励与引导。

师生合作总结：J 型曲线适用于自然界所有生物，是一种理想状态下种群数量变化规律。

教师：组织学生合作学习：巴扎叔叔的羊群会一直持续增长吗？讨论：如果持续增长会出现什么问题？J 型曲线如何变化？绘制种群增长图形。并且注意随机引导，总结出种群数量变化的 S 型曲线；要求学生同步在课堂学习单上完成相应记录、标注。

教师：组织学生独立思考：S 型曲线的展示和小结：生物数量的最高点＿＿＿＿，生物数量的最低点＿＿＿＿，哪一个点开始种群增长速度变大＿＿＿＿，哪一个点种群增长速度达到最高值＿＿＿＿，哪一个点开始生物增长受到的阻力开始增加＿＿＿＿，阻力最大是哪个点＿＿＿＿。

学生：独立观、听、忆、思；尝试分析文字，将文字描述在教师的引导下转化为表格；尝试将表格数据绘制成种群的 J 型曲线；参与交流；听取随机激励与引导；参与合作总结、独立记录、理解 J 型曲线适用于自然界所有生物；独立听、忆、思；参与小组合作讨论，试着分析、绘制种群继续发展下去的趋势图；在教师的引导下"独合结合"思考、讨论，最后总结出种群数量变化的 S 型曲线，根据要求，独立在课堂学习单上完成相应记录、标注；独立观、听、思考，完成 S 型曲线的关键信息小结，内化 S 型曲线的分析。

【意图】锻炼学生独立阅读特定种群文字案例信息、进行梳理、转化为数据表格和绘制 J 型、S 型曲线坐标图形的能力，加深对种群概念和曲线寓意的理解；明确 J 型曲线对自然界生物适用的普遍性；锻炼学生小组合作讨论、尝试分析、绘制种群发展的趋势图能力，把握 S 型曲线的寓意；锻炼学生独立梳理知识点的能力，理清和把握 S 型曲线的关键点位。

（四）种群概念新授

教师：巴扎叔叔的草场的羊群应该控制在哪个点，才既能保护草原，又能取得最好的经济效益呢？（注：可与同桌讨论，独立绘制 S 型曲线图）。

学生：独立观、听、忆、思考与同桌讨论，尝试寻找巴扎叔叔的草场的羊群应该控制点，独立绘制 S 型曲线图。独立听、思、记，在学习单上作标注，内化。

【意图】锻炼学生根据问题，"独合结合"进行思考、讨论，独立绘制 S 型曲线图能力；增进 S 型曲线在实际生产应用价值的体验；增进学习的兴趣。

（五）S 型曲线的应用新授

教师：首先借助多媒体和学习单，布置两道课后学生独立完成的作业：有关病虫害的防治——思考：哪个季节是灭蝗的最佳时期？以及水产品的数量控制——讨论：水产品种群数量控制在S型曲线的什么位置，最有利于养殖？其次在下次课始，组织学生交流，借助多媒体呈现被请展示学生的S型曲线图，并请学生自己说明；最后，注意倾听并随机激励与引导。

学生：独立观、听、忆、思；课后独立在学习单上完成两项作业；下次课始，被请展示学生参与交流、说明，其余学生注意倾听、记录；听取随机激励与引导，内化。

【意图】锻炼学生应用种群概念能力和迁移运用S型曲线到水产品种群数量控制能力；增进学以致用的兴趣；培养借助作业及时巩固所学良好行为习惯。

四、意义揭示

（一）"三程"结合"独立学习与合作学习"任务驱动式学习提升学生概念理解素养

在本节课的学习中，学习任务贯穿于课前、课中和课后"三程"，学生在任务的驱动下，学习目的明确，学习状态稳定。同时，学生"独合结合"完成了种群概念的学习和理解，学生从中体会到学习生物概念的基本方法；完成种群数量的变化规律的学习并将规律应用到生产生活中去。在这样的学习过程中，学生体会到了科学研究的方法和过程。整节课学生在学习任务的驱动下，学习活动一环扣一环，完成一系列的学习任务后，学生对于种群的概念十分清晰，对种群数量变化规律理解深刻。

再者，在多媒体课件里编入了视频、歌曲、图片和图表，并能动态地展现种群数量的变化规律，极好地调动了学生的多项感官，极好地为学生独立学习与合作学习的学习服务。

具体——抽象过渡式的学习过程，符合学生的认知规律，种群数量变化规律这一教学环节进行得较为流畅。

教师的随机激励也极大地调动了学生的学习积极性。同时，及时中肯的反馈有助于学生强化知识。

同时，"独合结合"的过程在三程中，也收到了良好的效果，学生通过独立学习完成学习任务，培养独立学习的能力和习惯；通过合作学习，培养交流沟通的学习能力。教师也在这个过程中,学会放手,把更多的时间留给学生。

(二) 课题研究课促进教师自我发展

常规课,本人往往关注知识点较多,关注学生较少。常常会一讲到底,剥夺孩子的学习主动性。在这次课题研究过程中,有三点促进了我自己的改进:1. 注意设计更多覆盖"三程"的学生"独合结合"学习任务,把学习主战场还给学生;2. 课堂关注"独合结合"的学习活动,这帮助我去仔细思考什么样的活动适合学生独立思考,什么样的活动适合学生合作学习;3. 思考信息技术的优化和最大利用化。这让我在今后的教学设计过程中,不仅关注课中、课前与课后,重视学习的过程性,同时关注学习任务的设计,让学习任务紧扣教学目标,培养学生在学习过程中的合作学习和独立学习能力。

(撰稿者:上海市进才实验中学南校蔡希萌)

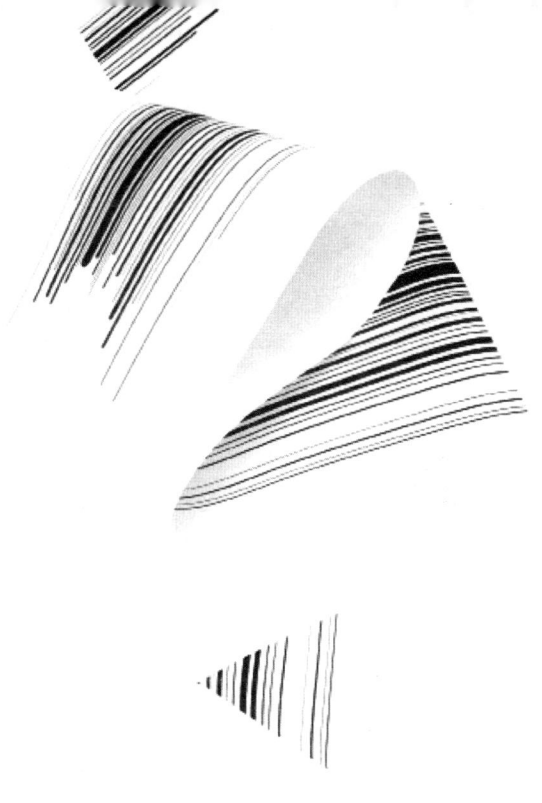

第六章

具身学习：情境与环境交响的价值

　　本章基于读者式、探秘式和服务式三种将独立学习与合作学习相结合的学习方式，通过具体、真实的情境和环境互动，引领学生在学习活动中体验、探索、创作。在读者式学习中，让学生在真实的身心之旅中培养读者意识、探索能力和奉献意识，从多角度切身感受到文字的魅力；在探秘式学习中，通过将独立学习与合作学习相结合的学习方式融入文学、地理等贴近生活的领域，增加了学生的学习乐趣，锻炼了团结协作能力；在服务式学习中，引导学生体会大自然的奥秘及无数服务者的伟大，提升学生的人文素养和美术素养。

范式 6-1

读者式学习：进入模拟写作情境和角色

【摘要】 叶圣陶先生曾提出："国文教育所以可贵,乃在能为儿童特设境遇使他们发生需求,努力学习。"①作文教学更不应该"闭门造文",本课创设两个贴近学生的写作情境,引导学生入境,从而运用语言表达生活体验,面对真实的读者自觉、主动地审视原本空洞的肖像描写片段,最后将这种写作体验经历升华为"读者意识",习惯将"为了什么目的写"、"写给谁看"纳入到写作构思的过程中来,体验发于本愿的写作乐趣。

本课以课堂、课后"二程"结合整合实施基于独立学习与合作学习相结合（简称"独合结合"）的肖像描写体验式学习。以"肖像描写"作为抓手,从"回顾知识"到"形成能力"再到"应用能力"最后到"在具体情境中应用能力",培养学生根据"寻人启事"和"校刊《朝花》'友谊星'专栏"两个不同的写作情境侧重描写不同的肖像特征、选择合适的语体风格、变换词语的感情色彩,最终初步形成写作时的"读者意识"。并通过组织多次学生独立与合作相结合地观察、阅读、反思、合作讨论、梳理、归纳、评价与改进,提升学生独立、合作相结合的学习能力。

一、设计依据

（一）学情分析

预备(2)班学生进入初中以来,通过对《狼牙山五壮士》《竹节人》《桥》《穷人》

---

① 叶圣陶.叶圣陶集:第十三卷[M]北京:人民教育出版社,2004.

四篇课文中人物描写片段的学习,初步了解了通过细节表现人物形象的写作手法。具体到肖像描写,初中以来,全班学生在作文《我的老师》,部分学生在作文《幸福就在身边》《最美的风景》写作过程中,有过人物肖像描写的实践经验,且有进一步修改片段、优化肖像描写写作能力的愿望。另外,预备年级的学生表达感受和体验,主要借助于身边的人和事,而人物"肖像"方面的特征是最容易观察、最容易把握的显性信息之一。因而,选取"人物肖像描写"作为培养学生读者意识的切入口,是符合预备年级的特点的。在语文课上,学生经常展开以小组为单位的讨论、交流、概括与分享活动,且知晓"小组竞赛"机制,"独合结合"的语文学习经历较为丰富,为在课堂活动展开打下了基础。

但是学生在肖像描写实践中普遍缺乏读者意识:虽然部分学生在"军训时快速认人""教室照片墙个人简介""感动班级人物颁奖词"三个特定情境的写作实践中,有过人物肖像描写实践经验,但学生普遍不能清晰意识到在这些写作情境中,因涉及读者的改变,应当自觉思考、调整写作重心。因此,他们的习作往往存在人物特征描写面面俱到,不能在具体场景中有所侧重地选取描写内容、改变词语感情色彩、转变语体风格等问题。

基于以上学情,确定本课以课堂、课后"二程"结合的体验式学习来培养学生肖像描写时的"读者意识"(指在学生写作的过程中,有意识地把读者纳入到考虑之中,想象存在真实的读者对象,与想象的读者倾诉沟通)。课上,教师联系学生实际生活模拟"寻人启事"和"校刊《朝花》'友谊星'专栏"这两个写作情境;课后,进一步拓展课堂模拟写作情境,借助作业:设计与众不同的"友谊星"专栏来增进写作的"读者意识"。学生在反思"寻人启事"的肖像描写是否适用于"校刊《朝花》'友谊星'专栏"过程中,锻炼了反思能力;在总结3个写作情境注意点过程中,强化了独立思考、梳理、归纳的能力;通过在写作过程中主动将读者纳入思考范畴增强了观察、思考、写作的兴趣以及认真负责的写作态度;通过独立与合作相结合的教学方式,提升了合作讨论、交流分享、梳理概括、合理评价能力,增进了合作意识。

(二) 课标分析

上海教育出版社版的《义务教育语文课程标准(2011年版)》(下称《课标》)第

三学段(5—6年级)课程目标对于"习作"的规定中指出:"懂得写作是为了自我表达和与人交流"。写作除了陶冶自我,还有让别人看得懂、喜欢看的诉求,因而培养学生写作时的"读者意识"是必要的。

在《课标》的"实施建议"部分特别提到"要为学生创设有利于自主、合作、探究学习的环境","注重评价主体的多元与互动",在进行作文评价时"应注意将教师的评价、学生的自我评价及学生之间的相互评价相结合,加强学生的自我评价和相互评价,促进学生主动学习,自我反思。"因而在课堂中穿插了多个小组共写、共享、共评的"合作"学习板块。

因而,本课将独立学习与合作学习方式相结合,培养和提高学生基于读者意识的肖像描写能力基本符合上述课程标准精神。

(三) 教材分析

学生通过小学和初中预备班上学期的语文学习,已经基本学会了"抓住人物鲜明特征""将人物特征写具体""利用人物描写手法表现人物形象"等人物描写写作技巧。(教材中涉及人物描写写作技巧的内容包括:教育部部编版五年级语文上册中的第二单元"习作"板块"漫画老师";第八单元"口语交际"板块"我最喜欢的人物形象";五年级下册中的第12课中人物描写一组;第13课中刷子李;习作:把一个人的特点写具体;六年级语文上册中的《狼牙山五壮士》《竹节人》《桥》《穷人》等四篇课文中的人物描写片段),但在初中阶段,《狼牙山五壮士》《竹节人》《桥》三篇文章中较为出色的是动作和语言描写。《穷人》中较为出色的是语言和心理描写。只有《桥》中有一句非常传神的肖像描写,但内容毕竟太少。应该说,人物描写方法中的"肖像描写"在预备上学期的课文中基本缺位。

因此,教师自编了本课的教材——即学生"二程"学习单,内容包括学生课堂"鲜活"的肖像描写课堂学习、记录(三项任务)单、课后"鲜活"的肖像描写作业单——"与众不同"的《朝花》"友谊星"专栏设计(六步任务单),旨在组织学生独立与合作相结合地完成观察、摄录、阅读、分析、梳理、交流、评价、完善两个特定写作情境中的肖像描写,学习在具体场景中有侧重地选取描写内容、改变词语感情色彩、转变语体风格。

二、教学目标

1. 增强肖像描写时运用"读者意识"适切描写的能力：学生能够根据"寻人启事"和"校刊《朝花》'友谊星'专栏"这两个不同的写作情境侧重描写不同的肖像特征、选择合适的语体风格和适切的词语感情色彩。

2. 初步建立人物肖像描写时的"读者意识"：学生能够意识到在"写"之前还需要主动思考写作目的是什么？写作对象是谁？部分同学能够借助作业初步感知确认"写作目的"和"读者"的思考路径：考虑读者的身份、年龄、知识层次、阅读能力等因素；读者对这篇文章的期待；作者是以什么身份与读者进行对话等。

3. 提升讨论、交流、梳理、概括、探究能力，进一步培养"独合结合"的学习习惯。

三、实践过程

（一）温故导入：运用已学"三步走"肖像描写写作技巧

教师：首先，要求学生回顾已经学习过的"怎么样→到什么程度→像什么"三步走的肖像描写优化步骤，记录在记录单上。再指定班级某位学生作为学生模特，要求该学生到讲台上来回走动，其他学生观察其肖像特征。学生仔细观察后要求他们用几个字或词口头概括"学生模特"的肖像特征（对应三步走中的"怎么样？"），并实时在黑板上记录。

其次，教师指着学生概括出的肖像特征字词再引导学生运用修辞、联想、想象等手法，进一步优化描写，并进行口头描述（对应三步走中的"到什么程度""像什么？"），教师进行实时点评与激励。

学生：回忆已学肖像描写"三步走"写作技巧并记录；独立观察学生模特的肖像特征并口头概括；独立运用修辞、联想、想象等手法将这些肖像特征口头描述出来。

【意图】巩固"写准确、写具体、写生动"的肖像描写体验，为后两个特定写作情境中肖像描写体验奠定基础。培养学生的独立观察、记录板书良好行为习惯；

激发学生参与肖像描写的兴趣。

（二）体验式学习一："寻人启事"模拟写作情境中的肖像描写

教师：其一，创设"寻人启事"模拟写作情境。教师通过多媒体呈现、讲述学生模特青春期情绪波动小故事，创设模拟写作情境："寻人启事"中的肖像描写，并提问：将刚才生动的肖像描写放到寻人启事中去，是否可行？会造成怎样的后果？倾听学生发言，适当激励与引导。

其二，探讨"寻人启事"写作情景中肖像描写内容选择。在学生广泛发言后组织学生总结：课开始时我们概括的哪些肖像特征还可以在"寻人启事"中继续沿用？明确"寻人启事"中的肖像描写在内容上选择"一目了然"的特征（例如：服饰、明显的体貌特征等）。

其三，探讨"寻人启事"写作情景中肖像描写语言风格。语言教师多媒体出示事先写好的服饰描写片段："这双鞋鞋面为奢华的菱形皮革，两侧有蟒蛇纹的点缀，最大的特色就是水晶底下有名牌的 logo，整体风格高贵奢华。"并提问："寻人启事"中的服饰描写是不是也需要写得这么繁复？倾听学生发言，适当激励与引导并进行板书记录。明确："寻人启事"中的肖像描写语言风格要简洁明了。

其四，探讨"寻人启事"写作情景中肖像描写词语感情色彩。组织学生思考："寻人启事"中的肖像描写需不需要美化或丑化？倾听学生发言，适当激励与引导并进行板书记录。明确："寻人启事"中的肖像描写词语感情色彩以中性为佳。

其五，组织完成、分享、优化"寻人启事"写作情景中肖像描写片段。要求学生先独立在任务单上完成"寻人启事"写作情景中肖像描写片段。完成后4人小组交换阅读，选择其中一篇找找问题，尝试修改，并请小组代表上台分享成作和评价修改意见。倾听学生发言，适当激励与引导。

学生：沉浸在教师创设的"寻人启事"写作情景中，在教师的引导下运用"读者意识"进行内容侧重点、词语感情色彩、语体风格调整。明确要求后尝试独立写段，并与小组同学交换阅读。小组讨论评价并合作修改后由小组代表交流分享，其余同学听并且思考，在教师的引导下共同修改，进行内化。

【意图】通过模拟写作情境的创设，让学生在反思、修改中培养写作时的读者意识；并在写作实践过程中培养学生运用"读者意识"进行内容侧重点、词语感情色彩、语体风格调整的能力；通过"独合结合"的教学方式培养学生合作评价、交流分享、全班修改能力；通过模拟学生生活中可能遇见的写作情境激发学生参与肖像描写的兴趣，培养认真负责的写作态度。

（三）体验式学习二："校刊《朝花》'友谊星'专栏"模拟写作情境中的肖像描写模拟写作情境

教师：首先，创设"校刊《朝花》'友谊星'专栏"模拟写作情境：教师通过多媒体呈现校刊《朝花》目录照片、口述《朝花》主编委托创设模拟写作情境。

其次，探讨两个写作情境写作目的和读者的不同。教师提问：将刚才"寻人启事"中的肖像描写拿去投稿，是否可行？为什么不可行？提示学生注意："寻人启事"的写作目的是什么？"友谊星"专栏的写作目的是什么？因而"友谊星"肖像描写要突出怎样的肖像特征？词语情感色彩上要怎样？"寻人启事"是写给谁看的？《朝花》是给谁看的？因而语言风格上是否要做什么变化？明确："寻人启事"的写作目的是方便辨认，读者是阅读时间有限的路人。《朝花》"友谊星专栏"的写作目的是表扬团结友爱的同学，读者是有阅读素养、有自主品读能力的全校师生。

再次，组织学生讨论"校刊《朝花》'友谊星'专栏"写作情景中肖像描写内容选择、语言风格：教师多媒体出示4人小组讨论要求：在这个写作任务中，需要在内容、词语感情色彩、语言风格三方面注意些什么？讨论结果记在记录单上。明确：因写作目的变化，在此写作情境下在内容上要扬长避短，且要挑选符合"友谊星"特征的肖像特征；在词语感情色彩上要多用褒义词；在语言风格要做到活泼。

最后，组织学生4人一组完成、分享、优化"校刊《朝花》'友谊星'专栏"写作情景中肖像描写片段：教师要求4人小组合作写一段"友谊星专栏"肖像描写，写在组长的任务单上，写完后小组代表分享；学生在进行小组写作时教师进行巡视，进行个别辅导，在小组代表进行分享时倾听学生发言，并适当激励与引导。

学生：沉浸入教师创设的"校刊《朝花》'友谊星'专栏"写作情景，独立听、思、记、内化；合作观察、思考、讨论；尝试合作写段；小组代表发言分享。

【意图】强化学生写作的"读者意识"和增进运用读者意识及时调整肖像描写的能力；在对上一个写作情境的肖像描写素材进行甄选的过程中培养反思能力；培养合作思考、写段小结的能力。

（四）师生合作小结

教师：首先，教师借助多媒体引导学生合作总结三组肖像描写：今天我们对同一位同学，进行了3组肖像描写，第一组时老师没有创设任何的写作情境，大家就漫无目的地列了一大堆肖像特征。当老师为"肖像描写"加了两个"限定词"，我们就在主动地思考些什么了；然后我们又发现，两个限定词不同，在内容、词语感情色彩、语言风格上的要求很不一样。

提问：限定词从"空白"到"寻人启事"再到"友谊星专栏"，到底什么在发生变化，迫使我们思考、调整肖像描写的内容？明确：主要是由于写作目的（表扬；辨认）和读者群（师生；路人）的不同造成了内容侧重点，词语感情色彩，语体特征上的调整。

其次，教师总结：为了什么目的写？写给谁看？是我们拿到具体的写作任务，还没开始构思前就要想清楚的问题。这才让我们的写作有了方向，才可能写出对读者负责的文章来。

【意图】再次强化学生的"读者意识"，明确在不同的写作情境下需要做肖像描写及时调整的原因。培养学生合作回忆、梳理、反思、总结概括能力。

（五）作业布置："与众不同"的《朝花》"友谊星"专栏设计作业

教师下发课外作业单后教师讲解作业要点，引导小组合作借助引导问题分成三次、六步完成作业，并于下次课分享讨论，优化采访问题和采访方案，课后形成定稿，交给《校刊》编辑审定。

第三节课上进行合作交流反馈。

【意图】增进运用"读者意识"自主定位读者、明确写作目的的能力。

本课"鲜活"的肖像描写课堂记录（三项任务）单

一、"肖像描写"三步走优化步骤

独立回顾：

① 第一步：＿＿＿＿＿＿＿＿＿

② 第二步：＿＿＿＿＿＿＿＿＿

③ 第三步：＿＿＿＿＿＿＿＿＿

二、"寻人启事"中的肖像描写

独立阅读、小组讨论、交流、概括，全班总结——独立记录结果：

注意点：

① 内容：＿＿＿＿＿＿＿＿＿＿＿＿＿＿＿＿＿＿＿＿＿＿＿＿＿

② 词语感情色彩：＿＿＿＿＿＿＿＿＿＿＿＿＿＿＿＿＿＿＿

③ 语言风格：＿＿＿＿＿＿＿＿＿＿＿＿＿＿＿＿＿＿＿＿＿

我的练笔1："寻人启事"中的肖像描写练笔

三、校刊《朝花》"友谊星"中的肖像描写

小组讨论、交流、概括，独立记录：

注意点：

① 内容：＿＿＿＿＿＿＿＿＿＿＿＿＿＿＿＿＿＿＿＿＿＿＿＿＿

② 词语感情色彩：＿＿＿＿＿＿＿＿＿＿＿＿＿＿＿＿＿＿＿

③ 语言风格：＿＿＿＿＿＿＿＿＿＿＿＿＿＿＿＿＿＿＿＿＿

我的练笔2：校刊《朝花》"友谊星"中的肖像描写练笔

"鲜活"的肖像描写作业(六步任务)单
——"与众不同"的《朝花》"友谊星"专栏设计

第一步：独立阅读"人物风采"专栏，小组讨论、交流、全班总结"套路"

专栏构成要素：
＿＿＿＿＿＿＿＿＿＿＿＿＿＿＿＿＿＿＿＿＿＿＿＿＿＿＿＿

人物介绍内容：
＿＿＿＿＿＿＿＿＿＿＿＿＿＿＿＿＿＿＿＿＿＿＿＿＿＿＿＿

人物介绍语言风格：
_____

第二步： 独立寻找各类"读者"，合作进行采访
采访问题 1：（例如）你心目中怎样的同学可以被评为"友谊星"？
读者答：
_____

采访问题 2：
_____

读者答：
_____

采访问题 3：
_____

读者答：
_____

第三步： 独立阅读两篇成熟专栏设计方案，小组讨论、全班交流，明确"友谊星"专栏设计"四要素"

经过阅读，我们发现一篇完整的专栏设计方案，必须包括以下"四要素"：

1. _____   2. _____
3. _____   4. _____

第四步： 结合采访，独立形成专栏设计方案
提供怎样的"评选依据"：
_____

每位"友谊星"得主投稿时需要提供哪些资料：
_____

你对他们的"个人介绍"撰写有什么要求：
_____

你在专栏设计上有什么创新点：

_____

第五步： 合作分享"设计思路"，寻求读者反馈

你对我们的设计的什么方面特别感兴趣：

_____

你还有什么其他的"金点子"么？

_____

第六步： 小组讨论，形成定稿（电子稿形式），交由《朝花》编辑部审定。

四、意义揭示

（一）从"独立学习"的角度来看

其一，创设模拟写作情境，符合语文教学"任务驱动"的语文教学改革趋势。

2018年初出台的《普通高中课程方案（2017年版）》在"课程实施与评价"部分也明确指出："要关注学生学习过程,创设与生活关联的、任务导向的真实情境,促使学生自主、合作、探究地学习。"这无疑也对初中语文教学起到了引导作用。本课创设了"寻人启事""校刊《朝花》'友谊星'专栏"两个贴近学生思想、学习、生活实际和成长需要的写作情境,力求改变传统作文教学中将"教师"作为了唯一的、异化了的读者,以及将"拿高分"作为唯一的写作目的的"去情境化"的弊端,在作文教学上唤起学生关乎其现实的真实需要,从而形成习作的本真动机;使"读者意识"伴随和影响着学生观察、构思到写作的整个过程,给他们提供的方向和抓手,让学生知道自己为了什么目的写、写给谁看,从而自觉、主动地表达、沟通、构思、修改、交流,从而帮助学生真正提高作文能力,达成恢复语文知识与应用情境之间的本然联系,促进语文学科核心素养的提升的目的。

其二,聚焦语言,次序提升,符合语文学科的内在逻辑。

本课创设两个不同的写作情境，从而引导学生侧重描写不同的肖像特征、选择合适的语体风格、变换词语的感情色彩，这都聚焦到了语文的核心问题——语言上，是以提高学生对语言的理解、鉴赏和运用为目的，符合语文学科的内在逻辑的，而没有用"生活"全然取代"学科"的偏颇。

另外，本课是以回顾已经学习过的"怎么样→到什么程度→像什么"三步走的肖像描写优化步骤引入，经过简短地操作这三步骤，再进入两个真实情境写作中。从"回顾知识"到"形成能力"再到"应用能力"最后到"在具体情境中应用能力"，将语文知识（如肖像描写的概念）和比较基础的语文能力（如进行肖像描写写段的能力）作为暗线嵌入到丰富的语文学习任务中，从而做到了有序列地、逐步提升地将"知识""能力""意识"有机结合，提升学生的语文写作能力。

（二）从合作学习的角度来看

其一，将上一次肖像描写片段作为材料让小组合作评议，符合"集体写作"的基本步骤。

于在春在《集体写作》一书中为我们介绍了他定义的"集体写作"的主要步骤：1. 讨论题目，2. 资料收集，3. 材料整理，4. 材料评议，5. 选择主题，6. 排列顺序，7. 确定大纲，8. 形成文字，其中"材料评议"这一环节，就采用了集体商讨的形式——"决定采纳和舍弃"。本课共让学生进行了两次"合作"小结，其起点都是以上一次的肖像描写片段作为可供批判的"资料"：教师在"寻人启事"情境后，带领学生回顾了刚才没有任何情境要求，单纯"写生动"的肖像描写，然后提问：将刚才生动的肖像描写放到寻人启事中去，是否可行？会造成怎样的后果？同样的，在"校刊《朝花》'友谊星'专栏"这一写作情境中，教师先在多媒体上呈现了学生刚刚完成的"寻人启事"的写作片段，然后提问：将刚才生动的肖像描写放到寻人启事中去，是否可行？会造成怎样的后果？要做哪些调整？也就是说，本课中的"合作"是目的指向明确的：为了共同对材料进行评议，决定采纳和舍弃。这样一来，学生有了抓手，有了讨论的方向，并在讨论中实现采纳和舍弃，主动自觉思考了这一写作情境中肖像描写的需求，培养学生写作的"读者意识"。

其二，小组写作、评价、推举，有利于落实学生的主体精神和构建和谐关系。

罗杰斯人本主义教学理论指出：教师不再是地位高高在上，而是与学生具有平等地位的人。在以培养"读者意识"为教学目标的写作教学过程中,通过小组合作评价、推举的方式,教师不再作为习作的唯一读者,也不再是习作的唯一评判者,学生要不断思考的是满足读者(即他的小组内的其他成员)的视野、期待,而教师退位为这一过程实践中的扶持者。这让师生关系变得更为平等,交流更为通畅、有效。

郑桂华在《以评导写,丰富写作教学的样态》一文中提出:"如果集体评级的方式,能从多个维度考察一篇习作,实现思想共享,这个局限(指评价主体是一人时,容易受知识盲区、考查角度有限、个人喜好和偏见的影响,从而导致评价不够全面和准确)就会得到一定的改善。"①在小组合作写作、评价、推举习作这一形式中,每一位学生的习作都得到了更多评价主体的,因而也是更公平的评价;与此同时,每一位学生也充当了真实读者,获得了评价这一段肖像描写是否适切于当前写作情境的资格,因而获得了更充分的权力。特别是对于那些写作水平处于中游的学生而言,这无疑是使得资源平衡的做法。

(三)从教与学方式和策略方面来看:体验式教学符合语文教学方式转型的趋势

谭轶斌在《语文项目学习:实现教与学方式的变革》一文中提到:"语文学习无法越俎代庖,因为文本的意义不是由教师提取后灌输给学生的,语感也无法强加在学生身上,教师只能创造言语实践的机会,提供能与学生发生相互作用的资源和环境(输入)关注学科核心素养导向下的学习结果(输出)……从而让学生自己去发现,去创造。"

而本课正是通过情境还原,引导学生入境,运用语言表达生活体验,"多元体验式"贯穿了课堂始终。布鲁纳在谈论写作教学时也提到:"教学论必须探明唤起学习积极性的最佳经验与情境。"因为"学习产生于某种特定的情境之中,教师的主要作用在于安排课堂情境的学习。""教育的功能在于引领和唤醒。"本课着力创造了两个贴近学生生活的写作情境,为学生制造一种场合、一种氛围,使学生身临其境,或产生如临其境的感觉,从而产生表达的愿望、写作的材料和作文的灵感,

---

① 郑桂华.以评导写,丰富写作教学的样态[J]中学语文教学,2020(01):32—38.

并让学生在任务情境中"实践"这种"灵感",最后经由升华提升为"意识";且所有的语文知识(肖像描写的概念,读者意识的概念等)、意识(读者意识)都是作为暗线埋藏于任务体验中,而不是由老师"告知"的;回顾以往的语文经验(如在课开始时回顾肖像描写"三步走"策略)也是出于解决实际任务的目的。因而这种关联是学生主动建立的、愿意建立的。学生在这节课上变以往"接受为主的学习"为"体验为主的学习",符合语文教学方式转型中认知方式的变革。

(撰稿者:上海市进才实验中学朱萌佳)

范式 6-2

探秘式学习：在地理世界中探寻生活奥秘

【摘要】探秘式学习旨在引领学生进入精彩的地理世界，感受探索发现的快乐。教师在课堂中创设更加真实、有意义的学习经历，鼓励学生大胆地质疑、探索、发现，去解决真实生活中存在的问题。在此过程中，学生在探索知识的同时，独立学习与合作学习相结合，沟通交流、团队协作、批判性思维和创造力都会得到提升。

初一的学生对生活中的气温有一定的认识，但牵涉到空间、时间两个跨度，分析全国范围内、不同季节南北方气温的分布及其差异，还是有些困难。在平时的地理学习中，单独使用独立学习和合作学习训练学生读图的机会比较多，但将两者有机结合起来学习地理内容的机会比较少。因此，本课例拟通过独立学习与合作学习相结合（简称"独合结合"），开展《中国气温分布》中五项读图探秘式学习，借助对比情境探秘式、借助信息技术探秘式的运用，来激发学生参与"独合结合"进行地理读图学习的兴趣；继续锻炼阅读气温变化曲线图、降水量柱状图和对等温线的判读能力，初步学会"独合结合"阅读分层设色气温图的能力；提高地理课堂探秘式学习的实效。

一、设计依据

（一）学情分析

对于"气温"，学生还是有一些感性认识的，如天气预报中最高气温、最低气温。但是对全国范围内，不同季节南北方气温的分布及其差异，因为牵涉到空间、时间两个跨度，学生学习起来还是有些困难。我校初一的学生，整体而言思维比较活跃，在预备年级学习世界气候知识的基础上，会初步阅读气温变化曲线和降水量柱状图，但对等温线的判读和分层设色气温图的阅读涉及较少。而学会阅读分层设色地图是初中地理中的核心读图素养，需要加以培养。部分空间思维较弱的学生会对这些知识感觉枯燥和乏味，甚至放弃参与读图训练。

因此，本课题拟通过"独合结合"的探秘式学习，激发学生学习兴趣，在地理世界中探寻生活奥秘。

（二）课标分析

2004年上海教育出版社出版的《上海市中学地理课程标准》（简称地理课标）提出，关注促进学生发展的地理，关注贴近学生生活的地理；地理课标强调改进教与学的方式，倡导学生自主学习、合作学习、探究学习和体验学习；要求将信息技术与课程实施相整合。本课中的课标层级要求是：能运用有关气温图表，说明气温的季节变化与地区差异，要求学生达到"理解"学习水平，能对地理现象进行辨识与解释。

因此，本课适合借助信息技术，结合生活中的区域气温差异情境和设色的中国的气温图，开展系列地理探秘式学习活动，独立学习"气温"这一类地理概念，合作探究式学习中国气温分布的规律和成因——从中有机激发学生地理读图探秘式学习的兴趣和阅读分层设色地图的能力。

（三）教材分析

《中国气温分布》是上教版初中地理新教材七年级第一学期祖国篇专题3气温与降水中的第一节。气温分布这一节，教材运用"中国年平均气温分布图""中国一月平均气温图"和"中国七月平均气温图"这3张基本的气温分布图，结合文字，介绍了中国气温的空间差异和时间差异，意图使学生理解中国气温分布的时间和空间分布特点。因此，本课的上述内容与编排基本适合本研究课主题。

为更形象生动和随机组织学生"独合结合"探秘式学习，拟利用教材已有的"中国年平均气温分布图""中国一月平均气温图"和"中国七月平均气温图"这3

张基本的气温分布图和信息技术,补充创设增进学生感受区域气温差异的实地情境,激发学生的地理探秘式学习"中国气温分布"的兴趣,开展读图探秘式学习课堂活动,锻炼阅读分层设色气温图的能力。

二、教学目标

1. 能说出我国年平均气温的分布特点、我国冬夏气温分布特点;会阅读中国年平均气温分布图和中国一月、七月平均气温图;能分析中国部分城市气温曲线与降水量柱状图;增进对"独合结合"系列探秘式学习在发展读图素养方面价值的认识。

2. 经历课上"独合结合"看、拼、连、找、练五项读图探秘式学习中国气温分布学习活动,更快地了解我国年平均气温、冬夏气温分布特点;学会并运用分层设色气温地图的含义,能阅读中国年平均气温分布图和中国一月、七月平均气温图;初步锻炼"独合结合"对中国部分城市气温曲线与降水量柱状图的读图探秘信息进行收集、梳理、对比和特征归纳的能力;体悟"独合结合"实施系列探秘式学习在发展读图素养方面所蕴含的学习方式方法。

3. 增强读图兴趣,感受地理读图的生活意义;体会我国疆域的辽阔以及气候资源的优越,激发起学生热爱祖国的情感;增进"独合结合"进行地理读图探秘式学习的兴趣。

三、实践过程

(一) 探秘活动——自主"看一看"景观气温图、加以对比引入,初步感受我国南北气温差异

教师:播放课件中 Google Earth 定位视频,展示从北向南 4 个定位(漠河、北京、上海、海口)的冬季代表性景观。利用多媒体和地理景观照片等手段导入新课,给学生创设一个地理探秘式学习情境。

学生:通过观看,逐步进入学习情境,探秘本课学习的地理轮廓,估计景观图片中的气温,进行时空对比,知道本课的学习主题。

教师：探秘情境的过程中展示自己在漠河的照片并介绍身在漠河的感受，同时在定位上海的时候，直接定位到我们自己的学校。

学生：探秘的代入感和自主的体验感，感受本课就是学习生活中和身边的地理。特别是当老师的照片出现在大屏幕上的时候，吸引全部学生的注意力，使学生尽快进入学习状态，并增强对本课知识的学生兴趣。

【意图】激发学生自主观察、感受景观图中蕴含的气温差异特征，对比了解我国南北气温差异显著的兴趣。

（二）组织"独合结合""拼—找—连"探秘中国气温地区差异学习活动，感受差异显著、增进读图兴趣和锻炼进行比较、分析、归纳能力

环节一：组织学生自主完成"拼一拼"活动——中国年平均气温分布图趣味拼图游戏，激发读图兴趣

教师：在演示屏幕上出示"中国年平均气温分布图"的拼图游戏。

学生：一位学生到讲台处操作电脑完成拼图。有学生发现拼接好的地图，与课本上的原图不同（地图的图例不同）。

教师：追问两张图的差异，引导学生关注地图的图例，强调阅读分层设色气温图和阅读分层设色地形图的方法相似，先读懂图例再获取地图信息。

学生：通过观察与比较，独立思考并发现问题，不知不觉中增加了阅读地图的主动性。发现的问题也顺利引出下一环节"找一找"。

【意图】激发学生读图兴趣和继续锻炼观察、记忆中国年平均气温分布图的拼图形状，进行快速、准确拼装的能力。

环节二：组织合作学习探秘式活动"找一找"，分析中国年平均气温图分布特点，锻炼读图比较、进行归纳能力训练

教师：出示课件中用 Photoshop 修改过的"年平均气温分布图"，有针对性地把南、北两个位置和高原、盆地两个地区的气温颠倒。

学生：通过对比阅读书本上的图，并急切地想要上演示屏幕指出错误的地方，也因第一次阅读此类地图，读图时并不仔细，需要同伴之间合作，在合作学习中辨别错误并改正的同时就是在学习阅读分层设色气温分布图的重要注意点。

教师：在引导过程中穿插精讲：读图时先读左下方的图例；读地图中不同色

块的分布;根据图中色块可读出图中某个地点的平均气温数值。

【意图】通过"找一找"探秘式活动,合作学习阅读中国年平均气温图,训练阅读分层设色气温图的技能,说出我国年平均气温分布特点。

环节三:组织"独合结合""连一连"分析中国一月、七月平均气温分布特点,强化读图技能,训练分析能力

教师:出示课件中四个城市(哈尔滨、北京、上海、广州)的气温曲线,和这四个城市隐去名称的1月景观图片。景观图片突出各地城市特征,不直接显示城市名称,增加读图乐趣。

学生:"独合结合"学习阅读气温变化曲线图,读出各城市1月平均气温并尝试根据冬季气温特点,将气温变化曲线和景观图片对应联系起来。

教师:增加难度,出示课件中同样四个城市隐去城市名称的气温曲线,诱发学生对各城市气温曲线起伏特征的关注,结合四张没有城市名称的7月景观图片。

学生:在读出各城市7月平均气温并尝试根据夏季气温特点将气温变化曲线和景观图片对应联系起来时,发现1月的四张城市景观中直接从人们穿着的服装就能推测气温的差异;而7月的四张城市景观中,人们的服装基本都是短袖短裤,很难区别气温差异。

学生:积极举手,踊跃参与课堂活动,实际板演连线过程中出现生成问题而卡壳、停顿,难以选择。

教师:随机激励与引导:"别放弃,再仔细看看气温曲线的起伏特征"。耐心等待学生思考。

学生:根据教师的提示,思考,成功完成了"连一连"活动。

教师:引导学生"独合结合"讨论气温变化曲线图的特征,培养学生阅读这类地理数据统计图表时,需要注意数轴刻度和曲线的起伏等读图技能。

学生:能基本说出我国冬季气温分布南北差异大,夏季普遍高温的特点。

教师:根据学生现场反馈,随机激励。引导学生将气温分布特点描述得更准确,更完整。

【意图】通过"连一连"探秘式活动,"独合结合"将气温变化曲线和实际景观结合,强化读图效率;结合阅读1月、7月平均气温图,说出我国冬夏气温分布特点;从四张1月景观图片,直观看出这四个城市冬季气温差异明显,而从四张7月

景观图片却很难看出各地的气温差异,学生自己感受出我国冬、夏气温分布的不同特点。

(三)组织合作互动活动"练一练",学生利用本课所学知识和地图,自主出题互答,练习巩固读图技能

教师:出示根据本课知识点出题的样例。

学生:"独合结合"开展互动"考考你",学生联系行政区划的知识,结合本课学习的"中国年平均气温分布图"和"1月、7月平均气温分布图"互相出题,进行小组竞赛。

学生:根据"中国年平均气温分布图"出题"新疆喀什的年平均气温是多少?"

学生:读图回答"新疆喀什的年平均气温大约是8℃—12℃"。

教师:适当引导学生思考"我校李军老师目前正在新疆喀什支教,我更想知道那里的1月平均气温是多少,比上海更低吗?"

学生:查阅"1月平均气温分布图",发现图上没有标识喀什的位置。

教师:适当引导开展合作学习,一位学生阅读"年平均气温图"上喀什的经纬度位置和相对位置,另一位学生阅读"1月平均气温图"上对应的位置。

两位学生合作将两张地图中提取的信息进行叠加处理后,分析得出结论:"喀什1月的平均气温大约是-8℃—0℃,比上海的0℃—4℃要低多了。李老师援疆工作中,还要适应当地的气温变化。"

(面对正确而又如此温馨的回答)教师随机反馈:"说的对!西部地区为我们提供资源,我们为西部输送人才和技术——李老师的援疆工作,就是响应'东西联动,共同发展'的国家战略。""两位同学想得很周到,我会向李老师转达你们的温馨提醒。谢谢!"

教师:根据学生活动开展情况,规范出题范围,引导出题方向。

学生:由于竞赛的动力和随机互相提问,课堂参与度较低的学生反而成为了主要的被提问对象,同时自己答完题还需继续出题,较好地弥补了教师在课堂上对部分不活跃学生关注不够的问题。

【意图】使学生在小组合作"练一练"中,检验学习成果,巩固基本读图技能。

五、意义揭示

（一）"独合结合"地理探秘式学习活动在提高学生读图素养方面具有独特价值——提高了可接受性和学习主动性

通过"独合结合"五项系列读图探秘式：看、拼、连、找、练，创设本课探秘式学习的大环境和小情境，既展示了地理学中最尖端的工具，又运用了生活中身边的地理景观照片，激发起学生主动或被动进行地理读图学习的兴趣；使学生普遍学会了阅读气温变化曲线图和分层设色气温图，并能对地图中获取的信息进行有效的对比和归纳气温特征；使对学生来说原本感觉比较枯燥和难掌握的地理知识和读图素养在一节课中得到了较好的落实。可见，这样的学习，由于学生学习过程中参与兴趣高，又比较容易入手，较薄弱学生会在和学优生的合作学习中被带动起来，因而提高了课堂学习主动性。

（二）运用地理探秘式学习中的借助对比情境探秘式和借助信息技术探秘式，激发学生阅读地图的兴趣，提高学生阅读地图的能力

从本课的引入来看，配合 Google Earth 的全球定位作用，同时在黑板上展示中国的轮廓版图，创设本课学习的大环境，既是展示地理学中先进的信息化工具，又给学生确立了本课学习的基本轮廓，使进一步学习有了直观的基础。组织学生"看一看"活动，给学生带来很强的视觉冲击；配合教师或学生假期旅游见闻照片"猜一猜"活动，使学生阅读地图的兴趣大增。

从突出重点、突破难点来看，通过"拼一拼"（我国年平均气温分布图拼图游戏）独立学习活动，要求学生仔细观察地图轮廓和细节，快速准确地拼装完整的地图，提高学生的专注度和读图的准确性；"找一找"（"大家一起来找碴"游戏，将拼图游戏获得的最后成果与书本上的原图进行比较，发现有什么不同，并判断正误，将其改正。）合作学习活动，使学生在发现问题中自主阅读中国年平均气温图，学会读图时先读图例，能准确读出图中具体气温信息，通过判读不同色块的分布分析和归纳我国气温地区差异，初步得出我国年平均气温东部、西部的分布特点，从简单地在地图上获取地理信息到根据获取的信息分析差异得出结论，提高了阅读分层设色地图的能力。然后是"连一连"（学生喜闻乐见的"连连看"游戏，将对应季节的景观图片和气温变化曲线图连接起来。）"独合结合"的探秘活动配合电子白板的运用，提高了学生的参与度，让学生在活动中自己发现气温变化曲线的起伏规律和景观图片的特征；学生读图中出现的错误，很快就会有其他学生来帮忙补充和修正。这个过程中，学生不仅学会阅读气温变化曲线图，还能根据气温曲线起伏的特征，归纳气温变化的特点，判断该地的纬度位置，提高了阅读气温曲线图的能力。

（三）随机激励让课堂因动态生成而精彩

"独合结合"地理探秘式学习活动，因为增加了更多的学生活动和课堂体验，所以会在预设的课堂中随机出现更多动态生成的问题。教师对课堂生成问题的适当引导和及时鼓励，激励学生有更多创造性的思考和表现机会，使课堂除了能按预设的形式平稳实施，更多一些动态生成的亮点。处理动态生成问题的教学智慧为预设实施的课堂效果锦上添花。如，在课堂评价"练一练"中，组织学生合作探秘中国各地平均气温，自主出题互答，学生设计的题目是随机动态生成的，其中涉及了新疆的喀什，教师适当引导，"我校李军老师目前正在新疆喀什支教，我更想知道那里的一月平均气温是多少，比上海更低吗？"学生体会我国疆域辽阔和东西气温差异显著的同时，感受到西部地区为我们提供资源，我们为西部输送人才和技术，东西联动，共同发展的国家战略。这样的随机激励，让学生联系生活实际，学以致用。又如，在课堂活动"连一连"中，学生在板演连线过程中因考虑不完整，出现卡壳、停顿而愣在当场，教师并没有立刻换人，而是及时鼓励和耐心等待，"别放弃，再仔细看看气温曲线的起伏特征。"看似浪费了部分课堂时间，其实是给学生肯定和积极的心理暗示，让学生感受到教师的信任和公平。这样的随机激励，让学生更愿意思考和表现，提高学生对教师和学科的认同感。

（撰稿者：上海市进才实验中学唐晓峰）

范式 6-3

服务式学习：玫瑰献给逆行者美术网课

【摘要】疫情无情人有情。美术课采用服务式学习，师生画玫瑰，通过网络向抗疫的医务工作者送上敬意。引导学生用独立学习和合作学习相结合的方式，收集文字视频和图片资料，在教学群中大家讨论交流，绘制玫瑰花，教师绘制示范画，观看示范画视频学会创作玫瑰花，作品上写下祝福的话语，在公众号、晓黑板等平台上发布，向社会上传递敬意，服务社会。

2020年新冠疫情期间，我们的美术教学在线上进行，利用"晓黑板"平台的讨论去进行美术教学活动，学生由线下转移到线上学习，通过老师在线上明确教学形式、讨论设定课题、教师有针对性的示范、学生拓展型学习与创造、线上交流作品、改进提高、展示发布，起到服务社会的作用。现在100%的学生习惯了这种线上服务式的学习，有为同学、家人设计生日贺卡、有创作战疫宣传画在公众号上发布，有为集邮节设计邮票图案和邮戳图案等等。基于以上学情，确定本课以线下、线上"二线"，通过课前、课中、课后"三程"教学，基于自编教材《玫瑰献给逆行者》——水彩画创作，结合整合实施基于独立学习与合作学习相结合的服务式学习，来提升学生的美术核心素养。

一、设计依据

（一）学情分析

初一学生的美术学习积极性高，有一定的美术基础，充满想象力，喜欢将作品展示给同学们，分享创作的快乐，在家庭中喜欢把作品分享给家人或装框展示，给家庭增加艺术氛围。在学校艺术节美术活动中同学们报名踊跃，各项比赛作品质量高；每学期的校园美术展览，同学们积极组织配合，展览效果好，观众评价高；联洋社区的文化服务中，经常有同学们的作品展示。同学们在美术的学习中运用独立学习与合作学习的方式，通过各种美术的创作和活动来服务社会，提升周边的艺术品位，同时也提高了自己的美术核心素养。

针对学生美术学习的现状，我们开展了独立学习与合作学习相结合（下文简称"独合结合"）的实施服务式学习，通过体验式、实践式和参与式学习，提高学生服务式学习的意识，养成良好的相应行为习惯，让美术学习走向服务大众，关心社会的大美术教学。

（二）课标分析

《初中美术课程标准》第一部分课程性质中指出：美术课程追求人文性。学生在美术学习中学会欣赏和尊重不同时代和文化的美术作品，关注生活中的美术现象，培养人文精神。美术课程追求人文性。美术课程强调愉悦性。学生在美术学习中自由抒发情感，表达个性和创意，增强自信心，养成健康人格。

在第二部分课程基本理念中要求关注文化与生活。通过美术课程，学生了解人类文化的丰富性，在广泛的文化情境中认识美术的特征，美术是人类文化的一个重要组成部分，与社会生活的方方面面有着千丝万缕的联系。

美术表现的多样性以及美术对社会生活的独特贡献，并逐步形成热爱祖国优秀文化传统和尊重世界文化多样性的价值观。美术学科的核心素养：图像识读、美术表现、审美判断、创意实践和文化理解。

因此基于以上课标和美术核心素养的分析，我们准备在疫情期间，开展"玫瑰献给逆行者——水彩画创作课"线上教学，通过"独合结合"实施服务式学习，在课前独立收集抗疫情宣传资料。在上课时引导同学们独立创作玫瑰花，书写感谢性的语言文字，合作分享分析修改作品。在课后与家长合作录制感谢"逆行者们"朗诵视频，通过网络向社会传播万众一心共克时艰的力量，服务社会的同时提升学生美术核心素养。

（三）教材分析

根据《初中美术课程标准》，我们自编了教材《玫瑰献给逆行者》——水彩画创作，提倡疫情期间网上教学师生们在家也要有贡献，培养学生服务社会的意识和能力。

教材分四部分：第一部分欣赏参考资料，文字图片内容，包括疫情期间的感人事迹、艺术家以及学生创作的抗疫情宣传画等文字图片资料。通过这些内容激发同学们的创作欲望，通过美术服务社会的决心。第二部分教师视频示范部分。包括老师录制绘画步骤，首先介绍水彩画的绘画工具、艺术特点。水彩画特点是透明清新明快，色彩丰富，表现力强，表现出来的作品大众喜闻乐见，可以帮助同学们通过水彩这样的艺术效果传递爱心服务社会。为了让同学们直观学习水彩画技法，老师录制了水彩画玫瑰花创作技法录像。包括水彩画绘画步骤，观察角度的研究，玫瑰花的位置经营，线描草稿，上色步骤先浅后深，先整体后局部，调整与深入刻画，花和叶主次关系，与花朵和谐的提款位置、大小、字体等；为同学们独立创作玫瑰花做好铺垫。第三部分学生创作的玫瑰花作品，包括优缺点评价，修改意见，为帮助学生分享分析评价作品、修改作品等合作式学习提供资料。第四部分学生录制资料的设备和方法，为同学们在家与家长合作录像打基础。第五部分传播的渠道介绍，同学们可以通过微信公众号、抖音、腾讯视频、哔哩哔哩等平台推送创作作品，服务社会。

二、教学目标

1. 了解水彩画的特点，有为社会服务的意愿。能运用水彩画技法，初步完成水彩画临摹，描绘一支普通的玫瑰花。大部分能较为准确地设计一朵玫瑰花，并在作品上用文字表达自己的思想感情。具备评价能力，掌握用绘画作品服务社会的方法。能提出完善建议能力，具备自主完善修改能力，实现服务社会的行为。

2. 经历课前、课中和课后"三程"结合，实施基于"独合结合"的美术服务式的学习过程——收集资料，确定水彩创作内容，观看老师的绘画步骤示范，临摹学习，题字整理，互动评价作品，修改作品，在媒体上推送传播。

3. 以玫瑰花创作为源头，抒发同学们对抗疫前线医务工作者的感情，形成艺术作品服务社会的意识。在创作学习的过程中同学们互动交流、合作分享，提升合作精神、探究意识，在独立临摹学习中需要反复修改，锻炼了克服困难能力，整节课提高了同学们"独合结合"的学习习惯。

三、实践过程

本课以教师引导下，学生课前收集、提炼，课堂观看学习、分享、评价、小结，课后展示反思再改进和通过网络发布作品的课前、课中、课后"三程"结合，整合实施基于"独合结合"美术服务式进行设计、展示、交流、评价和完善以及拓展的相关的意识、知识、能力和良好行为习惯的"四素养"，作为总体设计思路。

（一）服务式学习一——感受美术作品，创设美术服务情境，激发同学们用美术创作服务社会的意识

教师：播放一组战疫前线的感人视频，请同学们谈感受。组织小组展示战疫宣传图片活动。要求学生注意观察、思考。

学生：观视频谈感受。同学们以班级小组为单位，展示收集来的战疫图片。

【意图】对视频深深感动，激发学生服务意识

（二）服务式学习二——战疫宣传引话题，欣赏战疫宣传作品，介绍创作过程，表现内容，明确服务对象和服务的形式

教师：提问：在这样一个特殊时期我们居家学习，战疫前线的叔叔阿姨为我们保驾护航，服务于全国人民，我们能为他们做什么呢？展示寒假期间学校师生创作的战疫宣传画，这些作品通过学校公众号"卓越少年"推送给所有的家长和学生，大家纷纷转发，传递我校师生服务社会的美好动机。介绍作品，请同学们整体浏览这些图片，记录下自己认为满意的作品。提问：请同学们分析作品的优劣，从构图、比例、色彩、造型、表达的内容和思想。这节课我们用另一种风格的作品，设计水彩画玫瑰花。向逆行者们表达敬意，服务社会，激励信心。

学生：听、思：明确本课主要学习内容。思考，散答。自主思考后评价作品的优劣。从构图、比例、色彩、造型、表达的内容和思想，提高鉴赏能力。准备绘画工

具,纸张、水彩颜料、水彩笔、调色盘,观看水彩画教学步骤视频。听、思、参与发言,理解。

【意图】同学们在分享欣赏作品中,培养合作学习与独立学习的能力,培养服务社会的意识。

(三)服务式学习三——观看视频学本领,认真观看老师录制的水彩画步骤,了解,学习玫瑰花的绘画方法

教师:为同学们提供水彩画的绘画步骤:观察角度、经营位置、画草稿图、准确描线、湿画法,在纸上刷水,待湿润时先画浅颜色,再画深颜色。先整体画再局部画。画花朵,然后画花叶,注意主次强弱,尤其提高花朵的纯度,花叶可以适当减弱纯度。起到衬托花朵的作用。花瓣要前实后虚,注意花朵的体积感。以上的步骤通过录制视频,全面展示给同学们,做到一目了然。

学生:观看水彩画教学步骤视频。听、思、参与发言,理解。

【意图】培养学生在自主学习,探究新技法的意识,将感受的知识内化为自己的能力。在合作参与中归纳绘画技法,提升服务式学习的质量。

(四)服务式学习四——临摹玫瑰献真情,内化方法与感受

教师:根据老师的讲解和示范,让学生独立完成玫瑰花水彩创作。创作是要带着感情去完成。提示如果水用多了可以用纸巾擦掉,如果颜色画得不满意可以用水洗掉。水彩画技法繁多,大家遇到困难及时反馈上来。

学生:摆放好水彩画工具,选择好临摹的图片。先画一个小的草稿,然后再进入大作品的创作。水彩画全过程最好一气呵成。因为它不容易修改。同学们把画好的玫瑰花发到讨论区里,集体讨论,分析得失,修改完善。

【意图】在临摹中提高服务式学习的意识和能力。

(五)服务式学习五——书写心愿寄深情,设计背景和文字表达

教师:在花朵的周围设计背景图案,文字内容,图案要与主题契合,文字要用美术字,突出花朵,文字为辅。

学生:选择服务对象,书写感人话语,可以是在疫情比较重的地区的亲人、同

学或朋友，也可以是医生、护士、警察、社区工作者、快递小哥等等。对不同的人用不同的语言，为他们打气助威。为了画面气氛，在背景适当设计图案。

【意图】锻炼全体学生在服务式学习中的表达能力和服务能力

（六）服务式学习六——交流作品，合作相互评价和自主修改作品，增强主动服务意识和精益求精的意识

教师：同学们经过积极的临摹尝试，现在都把作品发在了讨论区里。先总体浏览一番，选出要评价的作品，重新发在讨论区。运用合作式学习集体评价，注意从优劣两个方面评价，目的是提高所有同学的绘画水平和服务意识。

学生：思考、内化，在网上自由发言互动。

【意图】锻炼学生合作意识，在评价和修改作品中提高合作效率和独立思考的能力。

（七）课后与家长交流合作传播作品，服务社会，激发正能量

首先，在课后老师和部分学生一起制作微信公众号推文，在"卓越少年""联洋社区""浦东德育"上发布。要求同学们关注微信公众号上内容，转发传播同学们服务社会的美术创作。其次，同学们以家庭为单位，欣赏同学们制作的水彩画作品，在朋友圈中传播"玫瑰献给逆行者"美术作品。同学们在家长的帮助下拍摄感谢逆行者的视频，手拿作品，对战疫前线的叔叔阿姨表示敬意。观看"浦东德育""卓越少年""联洋社区"微信公众号，转发我们的推文。

【意图】与家长互动，拓展合作的对象，推广美术作品，提升服务意识和能力。

"独合结合"服务式学习活动情况评价表

评价时间：_____年_____月_____日：
评价对象：_____评价作品_____评价者：_____

评价说明：
1. 认真欣赏美术作品，并参考"独合结合"服务式学习活动情况，对该同学进行评价。
2. 填写作品评价表：根据"三程"的具体情况分析分析评价内容，服务意识、知识、能力和习惯，根据评价的要求给予相应的分数，根据分数折合成等第，A档为优秀（100分—90分）、B档为良好（89分—75分）、C档为合格（74分—60分）、D档为需努力（59分—0分）。

评价内容分值	过程	具 体 内 容	评价要求(分)	得分
服务意识(20)	课前	参与活动准备,对服务"逆行者"的态度。	完全具备4分;基本具备3分;一般2分;较少或未具备(1—0)分	
	课上	主动与讨论区成员沟通,为创作献计献策。		
	课后	借助网络传播作品及时总结反思。		
服务知识(25)	课前	收集疫情相关知识,了解抗议前线的情况,准备服务社会的知识。	完全掌握5分;基本掌握4分;一般3分;较少或未掌握(2—0)分	
	课上	学习水彩画的技法,掌握玫瑰花的创作方法和过程,学会使用合适的语言,向"逆行者"表达感激之情。		
	课后	掌握拍摄知识,学习资料的整理和分类,以及在网络上发布作品的相关知识。		
服务能力(25)	课前	课前根据要求准备资料的能力,网上上传资料的质量和沟通能力。	达到5分基本达到4分一般3分较少或未达到(2—0)分	
	课上	主动发言,总结学习经验,运用绘画工具创作作品。		
	课后	掌握拍摄的能力,网上传播艺术作品的能力,向"逆行者"表达心愿,祝福平安服务社会的能力。		
服务习惯(20)	课前	收集资料的服务社会的习惯,主动与大家沟通的习惯	做到4分经常做到3分偶尔做到2分做不到(1—0)分	
	课上	掌握绘画本领服务社会的习惯。主动为大家出谋划策的习惯。		
	课后	主动与家长沟通合作分享,服务社会的习惯。总结反思服务效果的习惯。		
特色加分(10)		加分理由:	明显(10—9)分;较明显(8—7)分;一般6分;不够明显或五(5—0)分	
等级			总分	

四、课程实效

（一）学生通过水彩花卉创作服务社会的素养方面

服务的意识方面：学生增强了认识水彩画创作的意识和主动运用水彩画创作

为社会生活服务的意识。服务的知识方面：学生知道水彩画的艺术特点和知道美术创作服务社会的方法和途径。

服务的能力方面：学生能运用已有的美术基础，根据老师的示范和讲解，掌握水彩画创作方法。大部分学生能够较为准确地运用水彩技法描绘玫瑰花。学生作品图文并茂，能够准确地向抗疫前线的叔叔阿姨表达心声，向社会传递正能量。

（二）学生独立学习与合作学习相结合的美术服务式学习素养方面

课前：学生愿意独立完成收集美术创作资料，对美术创作服务社会表示认可。学生能够把收集来的美术资料分类，便于其他同学欣赏。大部分学生能够对作品有较为贴切的评论和总结，能够分享给同学们。

课上：学生能独立上传图片资料，和同学们一起分享。学生能独立完成玫瑰花的水彩画创作。学生愿意参与合作互动交流，能够一起分享创作体会，相互提出改进建议。大部分学生能互相讨论修改作品，以达到完美。

课后：学生愿意和家庭成员合作分享作品内容，学生与家长合作拍摄视频，表达对逆行者的敬意和感谢。学生愿意和家长一起研究网络传播方案，向"逆行者们"表达敬意，通过网络向社会传递正能量，在网络上展示玫瑰花创作作品独立学习和合作学习相结合的美术服务式良好学习习惯得到了进一步的培养。

（三）课堂结构清晰，学习活动设计有梯度

通过线上线下"独合结合"实施服务式学习活动的设计，明确要求——学习方法——共享交流——自主修改——分享成果，学生在有梯度的活动设计中层层推进教学目标，但一以贯之的是从感性到理性的思维训练，使预设效果与实际效果相匹配。

五、意义揭示

本次美术服务式学习的研究课实践，取得了较好的教学效果，紧扣"三程"，彰显了整合运用服务式，在培养学生关心社会、服务社会的意识和能力。

（一）体现了"三程"结合美术服务式学习在提升学生水彩画创作素养和美术核心素养

美术学科核心素养中的"文化理解"是指从文化角度来分析、诠释和理解不同国家、民族的文化艺术特点，学会尊重并理解不同国家和民族的文化内涵与含义。

"玫瑰献给逆行者"给我们的启示是：知识、技能必须置入问题情境，在解决问题的过程中，才能实现其价值，并转化为美术学科核心素养。这是学科核心素养背景下，我们对知识、技能的态度和认识。常规的美术教学技法训练，只是直接教授学生绘画步骤，如何用笔如何上色，然后展示讲评。学生学习美术从技术到技术，缺少情感注入，也没有对他人的展示和服务等内容，更不用说"独合结合"素养的有机培养，严重缺少情感态度价值观这个环节。以往教育在知识、技能方面未能转化为学生的学科核心素养，存在"为知识而知识、为技能而技能"的弊病，学生并未意识到知识与技能在生活中的价值及作用。通过服务式的学习，艺术作品服务于社会，将玫瑰花作品献给逆行者，实现了画玫瑰花的价值，同时也落实了创作者的意图，践行了美术学科核心素养的要求。

本课主要让学生经历课前、课中和课后"三程"结合，而且在居家学习的情况下运用线上授课的形式，实施基于独立学习与合作学习相结合的美术服务式学习过程，学生在有梯度的活动设计和身心愉悦的学习服务中，调动已有的绘画经验和创造能力，逐步运用水彩技法，描绘玫瑰花，进而将作品展现在网络上，以此表达对战疫逆行者的敬意和关心，这种行为服务社会，在社会中会产生积极作用。这是由于服务式学习是一种以学习者为中心的学习方式，改变了以前美术课重技术轻德育的现象，因为过去的美术教育形式，学生的美术学习不是由衷地通过作品表达思想感情，导致作品质量往往不高，有些同学好像在应付作业。这次"独合结合"美术服务式教学理念贯穿教学全过程，学生不仅独立完成作业，同时有同学的分享和帮助，也有老师家长的鼎力支持和服务，大家创作出来的作品不是束之高阁，而是推向社会，服务逆行者，传播美术创作和美术教师的正能量。再加信息技术整合式、随机激励式的有机运用，所以学生参与主动，感受全面，理解深刻。

(二)"独合结合"服务式学习有机实现了"以美促育",提升了学生的核心素养

本课始终存在着两条主线:一条主线是"艺术教育",另一条主线是"德育渗透"。以往美术课如果学生能画一幅漂亮的作品就算完美了,单纯的技术技法要求,让学生感觉美术课就是以技术为王。老一辈艺术家们强调过"笔墨当随时代"很有道理。本课采用"独合结合"美术服务式教学,有机地将人与人的关系建立起来。美术创作为人服务,为社会添彩,一幅精致的玫瑰花作品,融入了同学们的相互帮助,创作者个人的努力,同时赋予作品美好的祝愿,献给战疫前线的叔叔阿姨,让他们得到鼓舞和支持的力量。这个过程正是真正的艺术创作和艺术教育的方向。服务式学习实现"艺术教育"与"德育渗透"的完美结合,今后应该向这方面继续探索。

(三)线上教学的实施和研究提升教师的专业素养

本次疫情期间的线上教学研究前所未有,规模大,困难多,要实效,倒逼我们要积极实践,迎难而上。由于线上教学教师不能唱独角戏了,要依靠所有学生线下线上的"独合合作"才能完成美术教学活动。教师意识到"独合合作"教学是未来教育的很好选择,网上的集体讨论数量多,质量高,远远高于传统课堂上的教学形式,教学效率高。另外美术服务式教学为老师今后设计教学开辟了新的渠道。了解美术创作为什么,为了谁,这是非常重要的先决条件,有了服务的方向才能带着感情,满怀期待地创作作品,服务于人。同时教师的教学也是为学生的发展服务,带着服务的思想,教学实践就有主线。线上线下"独合合作"美术服务式教学拓宽了教师的发展空间,带来新的思维、新的观念,为教师创造新的高度提供发展条件。

(撰稿者:上海市进才实验中学 王宗良)

后记

《具身学习的18种实践范式》是上海市进才实验中学承担的区级课题《基于独立学习与合作学习相结合的教与学方式研究》的研究成果之一,也是学校对于课程变革的一种探索。本书从策划、撰写、修改、成稿到出版,历时近三年,参与撰写的老师一边学习、一边撰写、一边修改,有诸多人和事值得被提及。

学校的办学理念是:为每位学生的卓越发展服务。所谓"卓越发展"是指学生的全面可持续发展,而学生学习成长的背后是每一位教师为此付出的心血,能够根据每一个学生的特点,为他们提供不同的发展平台。学校区级课题的立项初衷正是为了探索适合每一位学生发展的、有特色的课堂。

对于参与课题研究的每一位教师而言,他们不仅需要完成好一名教师的"规定动作":备课、上课、作业批改、探究课、拓展课、各种会务工作等,还要参与课例研究,撰写修改课例论文,而每一次的研讨见缝插针地放在中午午休或下班后,教师们的工作何止是在工作日的8小时!然而,也正是在这样的磨砺中,学校的教师们不断地成长起来。只有用思想行走的教师,才会越走越高。真正的教学能手能在教学的过程中同时关注到学生的心智发展,积极揣测每一个学生的兴趣、性格、品质、能力等,重视指导学习策略,并且能够因材施教。本书之所以通过课例的方式呈现18种实践范式,也是参与的教师在多上课、上好课、上攻坚课、上挑战性的课,将自己的课堂当作实验基地,积极进行归纳和提升的基础上,为自己的教学找到通路。教师不能没有独特的风格,不能没有鲜明的个性。只有善于分析自己工作,不断推介自己的教学成果,关注提高课堂有效性的教师,才能成为优秀的教师,而在课程实践中的探索,不仅有益于学生,有益于学校,也有益于教师专业的成长。

本书是学校广大干部和教师积极参与、潜能激发与智慧付出的结果。本书的出版得到了上海市教育科学研究院杨四耕老师的指导,丛书的整体架构设计、内容要求、行文格式到目录样式等细节,杨老师都给予了悉心指导。同时,还要感谢华东师范大学出版社刘佳老师的大力支持!

2021 年 4 月

"品质课程"阅读书目

书名	ISBN	价格	出版时间
学校整体课程规划	978-7-5760-0423-6	48.00	2022年1月
推进育人方式变革的区域教学改进研究	978-7-5760-2314-5	56.00	2021年12月
学校整体课程规划的七个关键	978-7-5760-0424-3	62.00	2021年3月
课堂教学的30个微技术	978-7-5760-1043-5	52.00	2020年12月
教学诠释学	978-7-5760-0394-9	42.00	2020年9月
原点教学：提升区域育人质量的策略研究	978-7-5760-0212-6	56.00	2020年8月

品质课程聚焦丛书

书名	ISBN	价格	出版时间
自组织课程：语文学科课程群新视角	978-7-5760-1796-0	48.00	2021年12月
数学作为学习共同体：一种新的数学课程观	978-7-5760-1746-5	52.00	2021年12月
学科育人的整体课程范式	978-7-5760-2290-2	46.00	2021年12月
聚焦育人质量的学科课程设计	978-7-5760-2288-9	42.00	2021年11月
活跃的学习图景：学校课程深度实施	978-7-5760-2287-2	48.00	2021年11月
学科文化：英语学科课程新视角	978-7-5760-2289-6	48.00	2021年12月
课程联结：学科课程群设计方法	978-7-5760-2285-8	44.00	2021年12月
数学学科课程决策：专业视角	978-7-5760-2286-5	40.00	2021年12月
特色项目课程：体育特色课程的校本建构	978-7-5760-2316-9	36.00	2021年12月
进阶式探究课程设计：学科整合视角	978-7-5760-2315-2	38.00	2021年12月

学校课程发展精品丛书

书名	ISBN	价格	出版时间
学科课程群与全经验学习	978-7-5760-0583-7	48.00	2021年1月
育人目标与课程逻辑	978-7-5760-0640-7	52.00	2021年2月
学科课程与深度学习	978-7-5760-0505-9	52.00	2021年2月
学校课程的文化表情：百花园课程的学科指向与深度实施	978-7-5760-0677-3	38.00	2021年2月
学校文化与课程变革	978-7-5760-0544-8	62.00	2021年2月
语文天生重要：语文学科课程群设计	978-7-5760-0655-1	44.00	2021年2月
五育并举的课程体系：致良知课程的旨趣与探索	978-7-5760-0692-6	48.00	2021年1月

学科课程与育人质量	978-7-5760-0654-4	48.00	2021年1月
在地文化与课程图谱	978-7-5760-0718-3	46.00	2021年2月
中观课程设计与学科课程发展	978-7-5760-0624-7	36.00	2021年1月
大教学：英语学科核心素养培育的课程模式	978-7-5760-0462-5	46.00	2021年1月

特色学校聚焦丛书

儿童是天生的探索者：360°科学启蒙教育	978-7-5675-9273-5	36.00	2020年2月
做精神灿烂的教师：教师自我成长的5个密码	978-7-5760-0367-3	34.00	2020年7月
让教育温暖而芬芳	978-7-5760-0537-0	36.00	2020年9月
快乐教育与内涵生长	978-7-5760-0517-2	46.00	2020年12月
故事教育与儿童发展	978-7-5760-0671-1	39.00	2021年1月
美好教育：学校内涵发展的循证研究	978-7-5760-0866-1	34.00	2021年3月
把美好种进儿童心田	978-7-5760-0535-6	36.00	2021年3月
倾听生命的天籁："天籁教育"的实践与探索	978-7-5760-1433-4	38.00	2021年9月
为了每一个孩子的美好心愿	978-7-5760-1734-2	50.00	2021年9月
向着优秀生长："模范教育"的理念与实践	978-7-5760-1827-1	36.00	2021年11月
让个性自然发荣滋长："引发教育"的理论寻源与实践探索	978-7-5760-2600-9	38.00	2022年3月

跨学科课程丛书

大情境课程：主题设计与创意评价	978-7-5760-0210-2	44.00	2020年5月
社会参与素养的培育模型与干预机制	978-7-5760-0211-9	36.00	2020年5月
大概念课程：幼儿园特色主题活动设计	978-7-5760-0656-8	52.00	2020年8月
项目学习：进入学科的课程智慧	978-7-5760-0578-3	38.00	2021年4月
STEAM课程的设计与实施	978-7-5760-1747-2	52.00	2021年10月
幼儿个性化运动课程	978-7-5760-1825-7	56.00	2021年11月
幼儿园特色课程的框架与实施	978-7-5760-2598-9	48.00	2022年3月

核心素养导向的课堂教学丛书

| 转识成智的课堂教学：核心素养导向的历史教学 | 978-7-5760-0164-8 | 40.00 | 2020年5月 |

书名	ISBN	定价	出版时间
学导式教学：学会学习的教学范式	978-7-5760-0278-2	42.00	2020年7月
高阶思维教学的关键技术	978-7-5760-0526-4	42.00	2021年1月
会呼吸的语文课：有氧语文的旨趣与实践	978-7-5760-1312-2	42.00	2021年5月
高阶思维教学的核心指向	978-7-5760-1518-8	38.00	2021年7月
磁性课堂：劳动技术课就这样上	978-7-5760-1528-7	42.00	2021年7月
核心素养导向的作业设计	978-7-5760-1609-3	40.00	2021年8月
语文，让精神更明亮	978-7-5760-1510-2	42.00	2021年9月
"六会"教学法：基于核心素养的课堂教学	978-7-5760-1522-5	42.00	2021年9月

特色课程建设丛书

书名	ISBN	定价	出版时间
教师，生长的课程	978-7-5760-0609-4	34.00	2020年12月
学校课程发展的实践范式	978-7-5760-0717-6	46.00	2020年12月
丰富学习经历：如歌式课程的愿景与深度	978-7-5760-0785-5	42.00	2020年12月
学科课程群设计方法	978-7-5760-0579-0	44.00	2021年3月
学校美育课程的立体建构：菁华园课程的逻辑与框架	978-7-5760-0610-0	36.00	2021年3月
关键学习素养与学科课程设计	978-7-5760-1208-8	34.00	2021年4月
学校课程设计：愿景建构与深度实施	978-7-5760-1429-7	52.00	2021年4月
生长性课程：看见儿童生长的力量	978-7-5760-1430-3	52.00	2021年4月
"慧阅读"课程：儿童视角	978-7-5760-1608-6	42.00	2021年6月
诗意栖居的课程愿景：智慧岛课程的逻辑与深度	978-7-5760-1431-0	44.00	2021年7月
每一个孩子都是最重要的人：V-I-P课程的内在意蕴与学科视角	978-7-5760-1826-4	54.00	2021年8月
给每一个孩子带得走的能力：井养式课程的旨趣与探索	978-7-5760-1813-4	42.00	2021年10月
指向核心素养的课程统整框架：I AM BEST课程的学科之维	978-7-5760-1679-6	48.00	2021年11月